LES

FAUX MÉNAGES

COMÉDIE

EN QUATRE ACTES EN VERS

PAR

ÉDOUARD PAILLERON

HUITIÈME ÉDITION

PARIS

CALMANN LÉVY, ÉDITEUR

ANCIENNE MAISON MICHEL LÉVY FRÈRES

3, RUE AUBER, 3

1888

Droits de reproduction et de traduction réservés

PERSONNAGES

PAUL ARMAND............	MM. DELAUNAY.
M. ERNEST...............	BRESSANT.
GEORGE.................	COQUELIN.
M. HENRI...............	PRUDHON.
LE GÉNÉRAL.............	KIME.
L'ABBÉ.................	THIRON.
UN DOMESTIQUE.........	MASQUILIER.
MADAME ARMAND........	Mmes NATHALIE.
ESTHER................	FAVART.
FERNANDE..............	PONSIN.
LA BARONNE............	ROSE DESCHAMPS.
MADAME HENRI..........	LLOYD.
MADAME ERNEST.........	MARQUET.
ALINE.................	REICHEMBERG.

LES

FAUX MÉNAGES

COMÉDIE

Représentée pour la première fois, à Paris,

sur le Théâtre-Français, par les comédiens ordinaires

de l'Empereur, le 7 janvier 1869

CALMANN LÉVY, ÉDITEUR

DU MÊME AUTEUR

L'AGE INGRAT, comédie en trois actes.

L'AUTRE MOTIF, comédie en un acte.

LE CHEVALIER TRUMEAU, comédie en un acte, en vers.

LE DÉPART, poésie dite sur la scène du Théâtre-Français.

LE DERNIER QUARTIER, comédie en deux actes, en vers.

L'ÉTINCELLE, comédie en un acte.

LES FAUX MÉNAGES, comédie en quatre actes en vers.

HÉLÈNE, tragédie bourgeoise, en trois actes, en vers.

LE MONDE OÙ L'ON S'AMUSE, comédie en un acte.

LE MONDE OU L'ON S'ENNUIE, comédie en trois actes.

LE MUR MITOYEN, comédie en deux actes, en vers.

LE PARASITE, comédie en un acte, en vers.

PENDANT LE BAL, comédie en un acte, en vers.

PETITE PLUIE..., comédie en un acte.

LA POUPÉE, poésie.

PRIÈRE POUR LA FRANCE, poème dit sur la scène du Théâtre-Français.

LE SECOND MOUVEMENT, comédie en trois actes, en vers.

AMOURS ET HAINES, un volume.

DISCOURS ACADÉMIQUES, un volume.

LES PARASITES, un volume.

LE THÉATRE CHEZ MADAME, un volume.

Imprimeries réunies, B, rue Mignon, 2.

LES
FAUX MÉNAGES

ACTE PREMIER

Un salon. — Ameublement simple, fauteuils, table à jeu avec un canapé sur le devant à droite. A gauche, un piano. — Porte au fond et portes latérales.

SCÈNE PREMIÈRE.

MADAME ARMAND, L'ABBÉ, jouant aux cartes; ALINE, au piano; ARMAND, penché sur elle.

MADAME ARMAND, qui regarde Armand et Aline tout en jouant.

Mais regardez-les donc, l'abbé; dirait-on pas,
A les voir se parler de si près et si bas,
Que déjà ces enfants sont mariés ensemble?...
Quel beau couple ils feront!.. Dites, que vous en semble?

L'ABBÉ.

Madame, excusez-moi, je ne vous suivais point.

La faute en est au jeu; pardon, je marque un point..
Vous me faisiez l'honneur, madame, de me dire?

MADAME ARMAND.

L'esprit croit aisément ce que le cœur désire;
Je disais qu'elle et lui, l'abbé, doivent s'aimer.

L'ABBÉ.

La jeune demoiselle est faite pour charmer,
J'en conviens; cependant... mais, si je ne m'abuse,
C'est à moi de donner, — cependant, je m'accuse
De ne pas rencontrer en monsieur votre fils...
Le roi! qui fait deux points avec ce que je fis. —
Il est vrai que l'amour est d'essence si folle!... —
Et cinq. — J'ai le regret de me marquer la vole.

MADAME ARMAND.

Oh! ne me parlez pas de mon fils : il est sûr;
Nous l'avons élevé, l'abbé; son cœur est pur,
Il n'est pas de pensée, en cette âme ingénue,
Qui ne soit presque mienne et ne me soit connue.
Songez donc que mes yeux ne l'ont jamais quitté.
D'ailleurs, elle est jolie, Aline, en vérité,
Et, s'il ne l'aime pas, qui voulez-vous qu'il aime?

L'ABBÉ.

Dieu me garde de croire ou de soupçonner même
Que monsieur votre fils dédaigne tant d'appas;
Pourtant, dois-je le dire, il ne me semblait pas...
Alors, ce serait donc la jeune demoiselle?

MADAME ARMAND.

aimer mon fils! mon Armand! elle!

L'ABBÉ.

Aurais-je dit cela, madame? Non! — Pardon,
Vous plairait-il jouer?

MADAME ARMAND.

Mais regardez-les donc!
Voyez comme il écoute, et sourit, et se penche,
Et de quel doux regard il suit cette main blanche!
Que vous faut-il de plus, l'abbé? Que voulez-vous?
Qu'il la prenne en ses bras? qu'il tombe à ses genoux?

L'ABBÉ.

Madame, une action à ce point insensée
Est, j'en fais le serment, bien loin de ma pensée!
Je me suis abusé, sans doute. — Ah! cette fois,
Cinq et deux! J'ai gagné, madame; toutefois
Nous poursuivrons le jeu, si la chose vous tente.

MADAME ARMAND.

Merci, l'abbé, plus tard. — Mon Aline!

ALINE.

Ma tante?

MADAME ARMAND.

Veux-tu pas dire à Jean de nous servir le thé?

Aline sort.

SCÈNE II.

MADAME ARMAND, L'ABBÉ, ARMAND.

MADAME ARMAND, à Armand.

Et vous, venez ici, monsieur, à mon côté.

ARMAND.

Oui, ma mère.

MADAME ARMAND, le faisant mettre à genoux devant elle.

Venez plus près, plus près encore!
La, très-bien. — L'aimes-tu, ta mère qui t'adore?

ARMAND, l'embrassant.

Si je l'aime!...

MADAME ARMAND, l'embrassant.

Un bon point; maintenant, s'il vous plaît,
Veuillez me dire un peu ce que vous avez fait.
A peine on vous a vu de toute la journée!...
Ah! depuis quelque temps, je suis abandonnée.

ARMAND.

Oh! ma mère!

MADAME ARMAND.

Oui, je sais, quelque travail nouveau.
Es-tu beau! Voyez-donc, l'abbé, comme il est beau!

L'ABBÉ.

Madame, il est certain que les traits du visage
De monsieur votre fils...

MADAME ARMAND.

Avez-vous été sage?

ARMAND.

J'ai fait ce que je fais, ma mère, tous les jours.
D'abord, je suis allé ce matin à mon cours,
Et puis je suis rentré me livrer à l'étude,
Et j'en vais faire autant, selon mon habitude.

MADAME ARMAND.

Ah! ce maudit séjour, quand sera-t-il fini?
Quand retournerons-nous là-bas, dans notre nid?
Était-il donc besoin, pour cultiver ses roses,
De venir à Paris apprendre tant de choses?

ARMAND.

La vie est un métier qu'un homme doit savoir,
Ma mère, et, pour l'apprendre, au moins faut-il la voir.

MADAME ARMAND.

Entendez-vous, l'abbé, comment monsieur se nomme?
Un homme! Mon Armand, toi, mon enfant, un homme?
Hélas! c'est vrai pourtant... Oh! mon Dieu, se peut-il
Qu'on change ainsi? Tout jeune, il était si gentil,
Quand, les mains dans mes mains, il faisait sa prière,
Il avait de ces mots qui me rendaient si fière :
« Comment donc est-ce fait le bon Dieu? C'est-il grand?
Et la vierge Marie et son petit enfant? »
Ça ne finissait plus!... Et ses cris, et ses larmes,
Quand on l'allait coucher!... Peureux!... quelles alarmes
A son moindre bobo! Monsieur payait cela
Avec un beau baiser des lèvres que voilà.
A présent, ça vous a de la barbe, et très-dure,
C'est un homme!... déjà!... Comme la chevelure
Brunit!... Comme les yeux. . Qui croirait que ses yeux,
Quand on les voit si noirs, jadis étaient si bleus?...
Ah! vivant souvenir de mes jeunes années,
Seul et dernier trésor des amours ruinées,
Mon cher fils, mon passé, mon avenir, mon tout,
Reste bon, reste pur, aime-moi bien, surtout!

ARMAND.

Ne vous forgez, sur moi, ni crainte, ni chimère,
Tel que vous m'avez fait, je resterai, ma mère.
Ah! ces deux ans passés avec vous à Paris,
Ne les regrettez pas, ils m'ont beaucoup appris.
Je crois que l'on se prend, dans le séjour des villes,
D'une horreur plus profonde encor des choses viles.

MADAME ARMAND.

Cher petit!... Mais causons, nous sommes entre nous.
Vous avez aujourd'hui vingt-trois ans, savez-vous?
C'est l'époque attendue et que, dans ma pensée,
Je m'étais, pour parler, depuis longtemps fixée.
Écoute, cher enfant : Nous changeons de chemins ;
Je remets aujourd'hui ta vie entre tes mains.
Je t'avais, jusqu'alors, pour garder ta jeunesse,
Séquestré dans mon cœur, cloîtré dans ma tendresse,
Je te rends à toi-même. — O mon enfant bien cher,
Tu n'es pas seulement de la chair de ma chair,
C'était peu de mon sang, je t'ai donné mon âme.
Pour la conserver pure et calme, cette flamme,
J'ai veillé nuit et jour avec un soin jaloux,
Seule, je l'avivais d'un souffle chaste et doux.
Le passé nous léguait pour unique héritage
La lutte et la douleur ; j'en ai fait mon partage.
Tu ne sais rien du mal, c'était là mon honneur
Que l'innocence un jour te cédât au bonheur.
Le passé, ses malheurs, l'avenir, ses alarmes,
J'ai tout pris ; ton sourire était fait de mes larmes,
Tu n'as rien vu de sombre en ton chemin vermeil,
Je t'ai toujours laissé le côté du soleil,

Et je marchais à l'ombre, anxieuse et ravie,
Faisant la vie avec les morceaux de ma vie!...
Eh bien, espoirs craintifs, souvenirs douloureux,
Veux-tu me payer tout d'un seul coup? Sois heureux!

ARMAND, l'embrassant.

Chère mère!

MADAME ARMAND.

Câlin! Suivez-moi, je vous prie.
Donc, vous êtes un homme... Un homme... se marie...

Armand se relève surpris.

Eh bien?

Bas, à l'abbé.

Est-ce assez clair, l'abbé?

A Armand.

Que fais-tu là?

ARMAND.

Mais, ma mère,... pourquoi me dites-vous cela?

MADAME ARMAND, gravement.

Parce que le bonheur — qu'on l'ignore ou l'oublie —
Est œuvre de raison et non pas de folie;
Que la vie a ses lois d'ordre et de dévoûment
Qu'on ne décline pas au moins impunément!
Parce que, si, sortant de la route suivie,
Quelques-uns ont trouvé d'autre porte à la vie,
Moi qui t'y vois entrer, enfant, je veux te voir
Frapper à la plus haute, à celle du devoir!

L'attirant à elle et souriant.

Et puis... comment te dire?... Enfin... quoique j'en aie,
Un grand fils, c'est bien grand! — Je veux de la monnaie,

Il m'en faut de petits; car, vois-tu, mon Armand,
Je t'aime bien... mais toi... tu ne dis plus : « Maman! »
Ces mots-là nous font vivre et nous rendent plus jeune;
Un vieillard sans enfants, c'est un pauvre qui jeûne...
Vraiment, à tout cela, n'as-tu pensé jamais?

ARMAND, gravement.

Si, ma mère!

MADAME ARMAND, à l'abbé.

L'abbé, voyez-vous?

à Armand.

Eh bien, mais...

J'attends, parle..

ARMAND.

C'est que... vous êtes, vous, ma mère,
A de certains sujets tellement étrangère...

MADAME ARMAND.

Tu crois?

ARMAND.

Comprendrez-vous? vous, un ange!

MADAME ARMAND, souriant.

Obstiné!
L'ange n'est qu'un démon qui n'a pas mal tourné.
Parle.

ARMAND.

Pardonnez-moi, mais je sens quelque entrave
A parler aussitôt d'un chose aus i grave.
Plus tard! Qu'il vous suffise, à présent, de savoir
Que mon amour est juste et grand comme un devoir;

Et que mon âme est bien dans la route tracée
De ce dévoûment tendre où vous l'avez poussée.
Que, si jusqu'à ce jour enfin je me suis tu,
Ce n'est pas, croyez-moi, sans avoir combattu.
Mais je veux tout vous dire En de pareilles choses,
On ne peut raconter les effets sans les causes,
Ce récit serait long; plus tard... tenez... demain.

MADAME ARMAND.

Oui, mon cher fils, demain, oui, donne-moi ta main.
De ton bonheur, enfant, depuis que j'ai la garde,
J'ai fait ce que j'ai pu,... le reste te regarde.
Eusses-tu mal choisi, que je n'y pourrais rien;
Car n'es-tu pas ton maître. et même... un peu le mien?
Mais va, j'ai confiance en ton âme divine.
Garde donc tes secrets, que peut-être on devine;
Je sais ce que tu veux, sachant ce que tu vaux,
Remonte dans ta chambre et reprends tes travaux.
J'aurais peut-être aussi mes secrets à te dire,
Ceux d'un triste passé, qui ne font pas sourire.

ARMAND.

Comment?

MADAME ARMAND, souriant.

Ah! curieux, un homme si discret!
Non. J'attends ton secret, et garde mon secret.
Ah! pour les échanger, je suis trop généreuse,
Allons, va, mon enfant, bonsoir!

Armand l'embrasse, salue l'abbé et sort

1.

SCÈNE III.

MADAME ARMAND, L'ABBÉ.

MADAME ARMAND.

Je suis heureuse!
Avais-je, à votre avis, prédit hors de saison?

L'ABBÉ.

Chère dame, il est vrai, tout vous donne raison...
Mais...

MADAME ARMAND.

Quand je vous disais qu'il aime sa cousine.
D'autre part, vous verrez ce que va dire Aline;
Vous verrez. Tout s'arrange ainsi que je le veux.
Il vient donc ce moment qu'appelaient tous mes vœux...
Ah! Dieu me devait bien, après ma longue attente,
Quelque peu de bonheur!

L'ABBÉ.

Oui, madame.

SCÈNE IV.

LES MÊMES: ALINE, suivie d'un domestique qui pose
le thé sur la table et s'en va.

ALINE.

Ma tante,
Voici le thé.

MADAME ARMAND.

Veux-tu nous le donner ici?

A l'abbé.

A votre tour, l'abbé ; confessez celle-ci.

L'ABBÉ.

Se peut-il? vous voulez, madame, que je tente...?

MADAME ARMAND.

Je me porte garant de votre pénitente,
Ouvrez ce jeune cœur, et parlez hardiment.

A Aline, qui reste dans le fond.

Que cherches-tu donc là, ma petite? est-ce Armand?

A l'abbé.

Allons !

ALINE.

Moi, je cherchais... non, ma tante.

MADAME ARMAND, à part.

Au contraire.

Haut.

T'ai-je dit que ce soir j'attends George, ton frère!
Qui, pour notre avenir, et surtout pour le tien,
A de graves projets?

Aline bouscule les tasses.

La! la! ne casse rien.

A l'abbé.

Mais allons donc, l'abbé!

A Aline.

Tu penseras sans doute...

ALINE, avec empressement, versant du thé.

Vous le prenez très-fort?

MADAME ARMAND.

Comme...

ALINE.

Encore une goutte.

MADAME ARMAND.

... Comme lui, qu'il est temps de s'occuper de toi.
Mais l'abbé, là-dessus, en sait plus long que moi,
Et veut te consulter.

A l'abbé.

Avez-vous pas peur d'elle ?
Mais puisque j'en réponds.

L'ABBÉ.

Ma chère demoiselle...

ALINE, lui tendant une tasse.

Et vous, monsieur l'abbé ?

L'ABBÉ.

Volontiers ; s'il vous plaît,
Je le prendrai très-faible, avec beaucoup de lait.
Ma chère demoiselle, il est venu cet âge
Où le saint sacrement appelé mariage
Couronne bien un front de pudeur revêtu.
Vous unissez en vous la grâce à la vertu ;
Le ciel vous a fait don d'une foi peu commune,
Et d'attraits fort... nombreux, et qu'envirait plus d'une.
Pour vous-même souffrez que je m'arrête ici,
Après ce premier point, je passe à celui-ci...

MADAME ARMAND, à l'abbé.

Où vous égarez-vous ?

L'ABBÉ.

Et je dis qu'il est juste
Que l'on songe pour vous à ce lien auguste,
Qui doit mettre en son jour tant de dons éclatants;
Mais — et c'est là le signe effroyable des temps,
Les uns font de l'hymen un vil objet de lucre,
D'autres... — pourrais-je avoir un peu, très-peu de sucre?
D'autres qui...

MADAME ARMAND, arrêtant Aline au passage.

Mon enfant, tu l'aimes, dis-le-nous.

ALINE.

Ma tante!

Elle laisse tomber le sucre dans la tasse de l'abbé.

L'ABBÉ.

Oh! beaucoup trop!

MADAME ARMAND.

Eh bien, la, voyez-vous?
Ce jeune amour brillait sous cette candeur douce
Comme une fleur de mai qui s'ouvre sous la mousse.
Ne tremble pas ainsi, voyons, rassure-toi.

ALINE.

Oh! ma tante, ma tante!

MADAME ARMAND.

Elle a honte, et pourquoi?
La voilà tout émue et toute rose encore...
Pur amour! astre dont la pudeur est l'aurore!
Ne tremble pas, te dis-je, enfant. Mais sur ce point

Vois-tu clair dans ton cœur? Ne te trompes-tu point?
L'aimes-tu tout à fait?

Aline fait signe que oui.

Ce n'est pas comme un frère?

Aline fait signe que non.

C'est bien comme un époux?

Aline baisse la tête sans répondre.

Cette réponse est claire,
Alors, parle ; dis tout, et mets ton âme à nu :
Depuis quand cet amour?... Comment t'est-il venu?

ALINE, timidement.

Je ne sais. A présent que j'en ai connaissance,
Je crois que c'est depuis... toujours,... c'est de naissance.
Je vivais avec lui, c'est-à-dire avec vous.
Nous jouions si petits, tous trois, sur vos genoux !
Et puis, un peu plus tard, mon frère m'a laissée,
Vous en souvenez-vous? pour aller au lycée,
Alors... nous étions seuls. — Quand la femme grandit,
Elle n'entend pas bien tout ce qu'elle se dit...
Je l'appelais Armand, il m'appelait Aline...
Puis vous étiez si bons pour la pauvre orpheline.
Par instants je songeais... il me semblait parfois
Qu'il ne me parlait pas avec la même voix...
Ce n'est que d'à présent d'ailleurs que j'en suis sûre.
Oh! je ne l'ai pas fait exprès, je vous le jure...
Mais je vous aimais tant!... je ne vois qu'aujourd'hui
Que mon amour pour vous est de l'amour pour lui...

Madame Armand regarde l'abbé.

Vous détournez les yeux! est-ce que je vous fâche
En faisant cet aveu?... Oh! je ne suis pas lâche.

Vous pouvez tout me dire, allez, mon cœur est fort.
Est-ce que je fais mal? est-ce que j'avais tort?
Vous savez tout cela beaucoup mieux que moi-même;
Est-ce qu'il ne faut pas, ma tante, que je l'aime?
C'est qu'alors dans ce cas, et si ce n'est pas bien,
Je ne l'aimerai plus. Vous ne répondez rien?

MADAME ARMAND.

Je répondrai deux fois.

L'attirant à elle.

Voici d'abord, ma chère,

Sa réponse...

Elle l'embrasse.

ALINE.

Ah! ma tante.

MADAME ARMAND, lui donnant un bouquet de mariée
qu'elle tenait caché.

Et la mienne.

ALINE, se jetant dans ses bras.

Ah! ma mère!

MADAME ARMAND.

Tant pis! je n'y tiens plus! Sans remettre à demain,
Je veux les rendre heureux par le plus court chemin.
Inutile d'ailleurs, je crois, d'en plus entendre :
Le bonheur est un roi qui ne veut pas attendre.

ALINE.

Il m'aime donc!

MADAME ARMAND.

S'il l'aime! avec cette douceur
Et cette pureté! Chère enfant de ma sœur,

Ta place était marquée au sein de ma famille ;
Tu ne deviendras pas, tu resteras ma fille.
Peut-être aurais-je dû ne pas parler encor ;
Mais je crois, en ce cas, que la parole est d'or.

ALINE.

Il m'aime !

MADAME ARMAND.

Et jusqu'au bout je veux me satisfaire.
Il s'agit de surprendre Armand, et, pour ce faire,
Improvise un costume, enfant ; je veux te voir
En jeune mariée.

ALINE.

Oh ! ma tante, ce soir ?

L'ABBÉ.

Quoi ! vous voulez...?

MADAME ARMAND.

Je veux la voir et qu'il la voie.
Ce sera toujours ça de pris sur notre joie.

ALINE.

Comme vous êtes bonne !...

MADAME ARMAND.

Enfant !... quand on est vieux,
Le sourire est encor ce qui nous va le mieux.
La bonté, c'est le fard des vieilles, vos amies.
Puis le cœur, à notre âge, a tant d'économies !
Allons, va t'habiller, que ce ne soit pas long,
Moi, je ferai descendre Armand dans ce salon.
J'ai mon plan ; allons, va !

ALINE.

Je rêve! Moi, sa femme!...

MADAME ARMAND, la poussant doucement vers sa chambre.

Allez, mademoiselle, et revenez, madame.

Aline sort.

SCÈNE V.

MADAME ARMAND, L'ABBÉ.

MADAME ARMAND.

Je le savais bien, moi, que, grâce à cet amour,
Nos deux malheurs feraient un bonheur quelque jour!
Eh bien, que pensez-vous, l'abbé, de mon idée?

L'ABBÉ.

Ne vous seriez-vous pas... un peu tôt décidée?

MADAME ARMAND.

Un peu tôt, en effet. Quand depuis si longtemps
Je prépare cette heure et l'espère et l'attends,
Je n'ai qu'un mot à dire, un seul mot, et j'y touche,
Et vous voulez encor que je ferme la bouche!

L'ABBÉ.

Tel n'était point mon but! Je disais seulement
Que monsieur votre fils... peut être...

MADAME ARMAND.

Encore Armand!
Comment! même à présent, vous conservez un doute!
Pourquoi?... que pensez-vous enfin?... Parlez, j'écoute.

L'ABBÉ.

Je voudrais qu'il sût bien...

MADAME ARMAND.

A quoi sert de prêcher
Un converti ? Tenez, allez me le chercher.

L'ABBÉ.

Mon Dieu ! pardonnez-moi la façon dont j'insiste ;
Mais le passé, madame, encor qu'il soit bien triste,
Ne conviendrait-il pas qu'il l'apprît désormais ?

MADAME ARMAND.

Pauvre enfant ! plût au ciel qu'il ne le sût jamais !

L'ABBÉ.

Mais son père ?

MADAME ARMAND.

Il est mort, et n'aura pas d'histoire.
Il n'est et ne sera pour lui qu'une mémoire.
Allez, vous dis-je, allez.

L'ABBÉ.

De grâce, un seul instant !
Faudra-t-il pas, un jour, tout révéler pourtant ?

MADAME ARMAND.

Comment, et de quel front oserais-je lui dire :
« Celui que tu bénis, il te faut le maudire...
Celui qui, grâce à moi, fut toujours respecté,
Est vil. Si je disais toute la vérité,
Le récit en pourrait souiller ton âme neuve.
A peine étais-je épouse, et déjà j'étais veuve.

A peine tu naissais qu'il te fit orphelin.
Le voilà ce secret dont mon cœur était plein !
Dans les pires amours où l'homme se ravale
Il vivait; chaque jour me donnait pour rivale
Quelque femme sans nom, et dont l'indignité
Frappait moins ma tendresse encor que ma fierté.
Ma fortune servait à renter leurs caprices;
Seule par ses dédains et pauvre par ses vices,
Si je veillais sur toi, je l'avoue aujourd'hui,
C'était dans ma terreur de te voir comme lui.
Ce passé, pour toi clos et sacré comme un temple,
N'était si bien fermé qu'en haine de l'exemple;
Nous n'avons rien de lui, rien, pas même son nom...
Puis-je dire à son fils ces choses-là? Non, non!

L'ABBÉ.

Certes, à vos raisons je suis prêt à me rendre,
Chère dame; pourtant, songez qu'il peut apprendre
Par une autre que vous...

MADAME ARMAND.

Et qui le lui dirait?
Avec George, vous seul connaissez mon secret.

L'ABBÉ:

Mais... ne faudrait-il pas consulter, et pour cause,
Monsieur votre neveu?

MADAME ARMAND, le regardant fixement.

Vous savez quelque chose,
L'abbé, vous me cachez quelque mal sûrement.

L'ABBÉ.

Qui? moi, madame? O ciel! non,... pas précisément.
Mais Armand n'étant plus, ou du moins étant, dis-je...

MADAME ARMAND.

Expliquez-vous, l'abbe, cette fois, je l'exige...

L'ABBÉ.

Chère dame!...

Allant au fond.

Ah! j'entends monsieur George venir.

A part.

Qu'est-ce que tout cela, grand Dieu, va devenir?

SCÈNE VI.

MADAME ARMAND, L'ABBÉ, GEORGE.

GEORGE, *gaiement à l'abbé.*

Bonsoir, mon ennemi!

A madame Armand

Bonsoir, chère marraine.

Il lui baise la main et regarde autour de lui.

Tranquille intérieur! maison calme et sereine!
Quand j'entre par hasard sous vos chastes lambris,
Il ne me semble plus que je suis à Paris.
La table à jeu, le thé sous la lampe fidèle,...
Est-ce assez pur? Au fait, ma sœur, où donc est-elle?
Sans doute elle est couchée à cette heure! O vertu!

MADAME ARMAND.

Cesse de plaisanter pour un instant, veux-tu?
Je t'ai fait appeler pour chose d'importance.

GEORGE.

Ma tante, alors pardon de mon impertinence...

Tirant sa montre.

Cela sera-t-il long? je voudrais le savoir,
Parce que l'on m'attend en certain lieu ce soir.

L'ABBÉ se lève.

Monsieur!

GEORGE.

N'ayez pas peur! c'est pour un mariage!

Tristement.

Voilà pourtant à quoi l'on s'expose à mon âge!
Aujourd'hui bien portant, et marié demain.

A madame Armand.

Vous ne m'en voulez pas d'être toujours gamin?
Une dot assez grasse, un père apoplectique,
Mais une fiancée... étique... Elle est étique.
On dit : « Le mariage arrangera cela. »
La panacée est bonne. — On connaît celle-là :
La future est trop maigre, un mariage engraisse!
Trop grasse, il la maigrit! Bossue, il la redresse!..
Non, je tiens dès ce soir à porter mon dédit.
Ne vous en allez pas, monsieur l'abbé, j'ai dit.

MADAME ARMAND, gravement.

George, garde pour toi ces récits d'escapade,
Tu choisis mal ton temps.

GEORGE, vivement.

Ma sœur n'est pas malade?

MADAME ARMAND.

Non, ce n'est pas cela, rassure-toi...

GEORGE

Ah! Bien! bien!

Bas à l'abbé.

Vous avez parlé?

L'abbé fait signe que non.

Je n'y comprends plus rien.

A madame Armand.

Ma marraine, excusez ces gaîtés déplacées,
Mais l'abbé vous dira que c'est dans nos lycées.
Dans ces lieux réprouvés, qu'on prend ce ton moqueur.

S'asseyant auprès d'elle.

Voici ma bonne oreille, allez, celle du cœur;
J'écoute.

L'abbé s'esquive doucement.

MADAME ARMAND.

Mon ami, tu sais si je vous aime.
Pour vous trois, mes enfants, ma tendresse est la même.
Devenus orphelins, ta sœur et toi, — pardon, —
Par la mort, comme Armand l'était par l'abandon,
Je vous ai recueillis; ma fortune était mince :
Je me suis retirée au fond de la province.
Je voulais, mes malheurs en disent la raison,
Vous élever tous trois, chez moi, dans ma maison.
Toi, tu nous as quittés pour suivre une autre voie;
Mais Armand m'est resté. Je le dis avec joie,
J'ai pu garder mon fils, heureux et respecté;
De ce que j'ai souffert il aura profité.

GEORGE.

J'ai de bonnes raisons pour nier en principe

Ces éducations à la frère Philippe,
Qu'un chaste mariage achève au dénoûment.

MADAME ARMAND.

C'est que le mariage est un commencement;
C'est qu'à ce pur lien il faut des âmes pures,
Libres des souvenirs, des fautes, des souillures,
Qui par quelque innocente un jour sont expiés.
On n'entre pas au temple avec la boue aux pieds!

GEORGE.

Bah! Le cas échéant, on ôte sa chaussure.

MADAME ARMAND.

Hélas! Quoi qu'il en soit, pour ma part, je m'assure
Que ma voie est la bonne, et que j'ai réussi.
Armand finit son droit; il part, et nous aussi.
Il n'aura pas bronché dans la route suivie.
Je l'aurai dérobé jusqu'au bout à la vie;
Il épouse ta sœur. Je t'ai dit tout exprès
De venir pour parler de ces chers intérêts.

GEORGE lui prend la main.

Après un silence.

Ma pauvre tante!

MADAME ARMAND.

Eh bien?

GEORGE.

Cela me désespère;
Mais il s'agit d'Aline et... je suis un peu père :
Je ne sais que répondre, et suis tout interdit...
Ah çà! pourquoi l'abbé ne vous a-t-il rien dit?
Il sait tout d'hier...

MADAME ARMAND.

Parle.

GEORGE.

Eh bien, c'est impossible.

MADAME ARMAND.

Et pourquoi?

GEORGE.

Parce que,... c'est triste, et c'est risible.
Armand est... marié.

MADAME ARMAND.

Ce n'est pas sérieux!

GEORGE.

Ma foi, s'il ne l'est pas, il n'en vaut guère mieux.

MADAME ARMAND.

Il est de mauvais goût, si c'est un badinage.

GEORGE.

Ma tante, savez-vous ce qu'est un faux ménage?

MADAME ARMAND.

Un ménage?

GEORGE.

Le faux? C'est un accouplement
De deux êtres — comment m'expliquer... décemment?
Que l'ardeur de la vie ou bien sa lassitude
Unit par le hasard, rive par l'habitude.
C'est comme un compromis contre le devoir sec.

ménage marron qui tient l'autre en échec,
vrai mal qui nous gagne et dont le peril presse.

MADAME ARMAND.

Que dis-tu là ! Mon fils aurait une maitresse ?

GEORGE.

Une maitresse ! fi ! Vous en êtes encor
A la fille folàtre, à la mangeuse d'or...
Nous avons bien changé tout cela, je vous jure.
L'espèce dont s'agit est de conduite pure,
Elle est même économe, elle vise au renom ;
On lui donne son bras, on lui prête son nom,
On l'entoure de soins dont vous seriez jalouse,
Hors le titre et le rang, elle a tout de l'épouse.

MADAME ARMAND.

Qu'est-ce que tout cela veut dire ?

GEORGE.

En vérité !
Vous n'imaginez pas comme il est habité,
Cet immense pays oublié par le Code.
La sortie est si près, l'entrée est si commode !
Pensez donc : ni souci, ni règle, ni devoir !
Aussi combien sont pris présque sans le savoir !
Comment voir où l'on va, deviner où l'on glisse ?
On ne sent pas l'entrave et le chemin est lisse :
Ce n'était qu'un caprice, on n'était qu'un amant,
On se trouve en menage, on ne sait pas comment ;
Comme ces voyageurs qui, venus par envie
De visiter la ville, y sont restés leur vie.

2

Et puis, du faux amour naît la fausse amitié,
Faite un peu d'égoïsme et beaucoup de pitié.
Parfois on se révolte, on se quitte, on se fâche !
Mais on revient toujours, l'habitude rend lâche.
On se dit : « Bah ! plus tard !... je n'y suis pas forcé. »
Peu à peu l'on finit par se faire un passé,
On s'accoutume à vivre en bâillant face à face,
Des griefs d'autrefois le souvenir s'efface,
La femme vous enferme en un cercle savant,
L'âge arrive, on la garde, on l'épouse souvent,
Et, la vieillesse aidant, on se décide à faire
L'un la bonne action, l'autre la bonne affaire.

MADAME ARMAND.

Mais mon enfant ? que fait mon fils dans tout cela ?

GEORGE.

Il est avec tous ceux qui sont empêtrés là,
Dans ce taillis épais des amours buissonnières,
Des premières souvent et surtout des dernières :
Les réhabiliteurs naïfs et triomphants,
Les malheureux à qui sont venus des enfants,
Les esseulés à qui ce marché rend service,
Les drôles pour lesquels un amour est un vice,
Les travailleurs trouvant ce lien plus léger,
Les attardés trop vieux pour en vouloir changer,
Les timides n'osant se lever de leur chaise,
Et les mal élevés qui sont là plus à l'aise !
Et les mal mariés, au moins aussi nombreux,
Qui viennent y chercher ce qu'ils n'ont pas chez eux !...
C'est un monde ! le monde inconnu, mais prospère,
Des époux sans épouse et des enfants sans père,

Où l'estime s'égare, où s'abîme l'amour,
Et si grand, si nombreux, qu'il faudra quelque jour,
Comme ont fait les Romains pour le concubinage,
Annexer forcément ce faubourg du ménage.

MADAME ARMAND.

Mais à ces hontes-là mon fils est étranger !

GEORGE.

Trop ! c'est précisément ce qui fait le danger.
Il est dans les naïfs ; — Armand réhabilite,
Il refait la vertu de quelque Marguerite,
Qu'il récrépit à neuf et cache... je sais où ;
En ce cas, le plus sage est toujours le plus fou ;
De la grandeur du but la candeur est tentée,
Qui n'a pas essayé d'animer Galatée ?...
C'est forcé. Peu ou prou, tous ont passé par là ;
Quelques-uns y sont pris : — Armand est de ceux-là.

MADAME ARMAND.

Armand !... non !... Eh bien, non, je ne peux pas te croire,
Cher enfant, cher petit ; allons donc, quelle histoire !
Cela me fait rougir... Que veut dire ceci ?
Mais je ne l'ai jamais quitté. Non, Dieu merci,
Je suis tranquille. — Mais c'est incompréhensible,
Il vient de m'embrasser tout à l'heure. Impossible !

GEORGE.

Oh ! les mères ! c'est bien cela ! Fille ou garçon !
Jeune ou vieux, leur enfant reste leur nourrisson...
Vous le croyez là-haut, dans sa chambre à cette heure ?
Il est dans son ménage... on m'a dit sa demeure,
A réhabiliter, les pieds sur les chenets ;

Sa demeure. c'est là tout ce que j'en connais.
Et voilà plus d'un an que ce ménage dure.

MADAME ARMAND.

C'est donc vrai? c'est donc vrai ? Mon Dieu, l'épreuve est dure!
Ainsi j'aurai lutté vainement! C'est fatal;
On ne peut les soustraire au baptème du mal.
Tout s'écroule, dernier bonheur, espoir suprème!
Mais il nous mentait donc, quand ce soir, ici même,
De son amour si pur il parlait devant nous,
Et de ce mariage?... Ah! mon Dieu!

GEORGE.

                    Qu'avez-vous?

MADAME ARMAND.

Ah! pour le coup, voilà qui serait bien infâme!
George! est-ce qu'il voudrait l'épouser, cette femme?

GEORGE.

Il est dans les naïfs! Il peut être conduit
A vouloir commencer par où plus d'un finit.

MADAME ARMAND.

Épouser cette femme. allons! un gentilhomme!

GEORGE.

Armand sait-il qu'il l'est? Eh! que sait-il, en somme?...
Qu'ignorant de la vie, il tombe au premier pas,
Il n'est rien là qui doive étonner en tout cas.

MADAME ARMAND.

Eh bien, cela manquait! Oui... oui .. je me rappelle,
Je croyais qu'il parlait d'Aline, c'était d'elle!

Donc, alors, sa candeur, sa pureté, sa foi,
Sont autant de périls et tournent contre moi!
Mais qu'est-ce qu'il faut faire enfin, Dieu de justice,
Et quel attrait d'abîme exerce donc le vice!
Mon fils aussi, mon fils! l'enfant après l'époux!
Oh! ces femmes sans nom et qui vivent de nous,
Et qui viennent souiller, jusque dans nos alcôves,
Tous ceux que nous aimons, de leurs caresses fauves!
Si bien qu'ils nous font honte et que notre baiser
Sur leurs fronts avilis ne sait où se poser.
Donc, aujourd'hui, voilà comme on se mésallie!
C'est non la vanité, mais l'orgueil qu'on oublie!
Ah!.. l'amour qu'on nous vole, on leur en fait présent;
Ce n'est rien, il leur faut de l'estime à present!
Ah! l'enfant qu'on chérit, comme on caresse un rêve,
La première venue en passant nous l'enlève!
Ah! nous les faisons purs et généreux et beaux
Pour servir de pature aux goules de ruisseaux!
Ah! mais non! non! — Tu dis que tu sais sa demeure?

GEORGE.

Mais, ma tante...

MADAME ARMAND.

Tu dis qu'il s'y trouve à cette heure?
C'est bien... attends-moi là.

Elle sort précipita

2.

SCÈNE VII.

GEORGE; L'ABBÉ, apparaissant à la porte du fond.

L'ABBÉ, très-troublé.

Grand Dieu! qu'avez-vous fait!

GEORGE.

Mon devoir simplement... et j'en suis satisfait.
Vous auriez, ce matin, dû tout dire vous-même.

L'ABBÉ.

Mais Aline, monsieur... votre sœur...

GEORGE, devinant et avec angoisse.

Elle l'aime?

SCÈNE VIII.

GEORGE, L'ABBÉ, ALINE, sortant de sa chambre
en costume de mariée.

ALINE, apercevant George, se jette dans ses bras.

Ah! George!

GEORGE, l'embrassant avec force.

Chère enfant!

ALINE, un peu confuse. — Après un silence.

Tu connais nos secrets?

Silence.

Si je ne t'ai rien dit, c'est que je l'ignorais.
Tu regardes ma robe et comme je suis mise?

C'est ma tante qui veut lui faire une surprise.

Baissant la voix.

Tu ne sais pas, il m'aime, il va venir ici!
Sens comme mon cœur bat...

George baisse la tête, elle l'embrasse

Je t'aime bien aussi!

Elle le regarde avec étonnement.

Tu ne me réponds pas? Ma tante, où donc est-elle?
Qu'avez-vous donc tous deux?

L'ABBÉ.

Ma chère demoiselle...

GEORGE.

Ce n'est rien... un retard... un petit embarras...

L'ABBÉ.

Peu de chose, en un mot.

ALINE, *avec force.*

Armand ne m'aime pas!

GEORGE, *avec un rire forcé.*

Armand ne l'aime pas! voilà les jeunes filles!
Il s'agit seulement d'affaires,... de vétilles...
Qu'elle est enfant! Ce n'est, te dis-je, qu'un retard...
Je t'en expliquerai la cause un peu plus tard...
Embrasse-moi, voyons, ne crains rien, tu te leurres...

ALINE.

Ah! tu vois bien qu'Armand ne m'aime pas, — tu pleures!

GEORGE.

Bon! Je pleure à présent. — Je pleurerais... pourquoi?

ALINE.

Va! parle hardiment et ne crains rien de moi..
J'ai trop vite espéré, n'est-ce pas? C'est ma faute!
En ai-je l'œil moins sec et la tête moins haute?
En donnant mon amour, j'ai gardé mon orgueil.

Elle ôte son voile, sa couronne, son bouquet.

GEORGE.

Aline, que fais-tu?

ALINE, *tristement.*

Tu vois! — je prends le deuil.

GEORGE.

Mais puisque je te dis,... mais puisque je te jure...
Eh bien, non, te mentir serait te faire injure;
Ces détours, au surplus, sont au moins insensés,
Et tu vas tout savoir.

ALINE, *lui mettant la main sur la bouche.*

Tais-toi! — J'en sais assez.

L'ABBÉ.

Mais quel malheur, mon Dieu!

A Aline.

Ce n'est là qu'une épreuve.
Armand nous reviendra.

ALINE.

N'importe, je suis veuve.

Entre madame Armand.

SCÈNE IX.

Les Mêmes, MADAME ARMAND, habillée
pour sortir.

MADAME ARMAND, à George.

Et maintenant, allons!

Elle aperçoit Aline.

Ma pauvre enfant, pardon

Prenant Aline dans ses bras.

Croyant ce cœur à moi, je t'en avais fait don.
Mais on ne s'attend pas à de telles défaites!
Les hommes n'aiment plus que les vertus refaites.
Voilà comme aujourd'hui l'on comprend le devoir.
Mais, cette fois, je lutte et nous allons bien voir!

À Georges.

Viens!

GEORGE.

Que voulez-vous faire?

MADAME ARMAND.

Il faut donc te l'apprendre?
Elles m'ont pris mon fils. — Je vais le leur reprendre!

Madame Armand sort précipitamment. — George embrasse sa sœur et
suit sa tante. — L'abbé console Aline qui s'est assise en pleurant

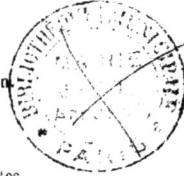

ACTE DEUXIÈME

Une chambre. — Table à ouvrage; chaises; bureau, commode.
Mobilier modeste.

SCÈNE PREMIÈRE.

ESTHER, seule. Elle travaille à la clarté d'une lampe, en comptant
les coups d'une pendule qui sonne.

Et six! et sept! et huit! Mon Armand va venir.
Il ne me reste plus que ces points à finir,
Et je pourrai ce soir reporter mon ouvrage.
Mademoiselle Esther, vous flânez; du courage!

Elle s'arrête.

Il m'avait bien semblé reconnaître son pas.
Comme il est en retard! pourquoi ne vient-il pas?

Elle s'arrête.

Mon Dieu! comme je l'aime!... Ah! voilà qui s'achève;
J'espère qu'il sera content de son élève;
Car elle a travaillé vaillamment aujourd'hui.
Pour cette fois, voici qu'on s'arrête... C'est lui!

Elle s'élance vers la porte.

SCÈNE II.

ESTHER, M. ERNEST.

ESTHER.

Non, c'est monsieur Ernest.

Elle se rassied et travaille.

M. ERNEST.

Oui, ma voisine. Ah! diantre!
Ma femme n'est pas là?

ESTHER.

Non.

M. ERNEST.

Très-bien; alors, j'entre.
Elle m'est chère; mais j'ai le temps de la voir.

Il s'assied.

Dites donc, nous donnons une fête ce soir.
Madame Ernest viendra vous inviter, sans doute.
Est-ce que vous irez, Armand et vous?

ESTHER.

J'en doute.

M. ERNEST.

Eh bien, ni moi non plus! Ces jours-là, je sors, moi.
Il est toujours si doux d'être hors de chez soi.

Bâillant.

Ah! par ces temps brumeux, je ne peux rien qui vaille.
Que faites-vous donc là?

ESTHER.

Vous voyez, je travaille.

M. ERNEST.

Mais vous travaillez donc sans repos et toujours?
Le drôle de ménage et les drôles d'amours!
Depuis tantôt deux ans, habitant porte à porte,
Je ne vois que travaux, leçons de toute sorte :
Dessin, piano, couture. Ah çà! mais votre Armand,
C'est un instituteur, ce n'est pas un amant!
Qu'espère-t-il de vous et que veut-il en faire?
Qui sait? peut être un jour sa femme... Bonne affaire.

ESTHER.

Moi, sa femme? hélas! non, mais une femme.

M. ERNEST.

                      Et vous.
Que voulez-vous en faire? hein? Voyons, entre nous?

ESTHER.

Je ne vous comprends pas.

M. ERNEST.

                Bon. Me ferez-vous croire
Qu'une enfant comme vous, jeune et belle à sa gloire,
S'enferme nuit et jour, enfin renonce à tout,
Sans avoir quelque but et quelque rêve au bout!

ESTHER.

Mon but est de l'aimer et mon rêve est qu'il m'aime.

M. ERNEST.

Cela ne défend pas d'espérer tout de même.

ESTHER.

Qu'il m'aime! mon espoir ne va pas au delà.

M. ERNEST, la regardant travailler.

C'est très-dur, savez-vous, ce que vous faites là!

ESTHER, avec émotion.

C'est pourquoi je le fais, et tout ce que j'implore
C'est un labeur plus dur et plus ingrat encore,
A qui je donnerais, même avec volupté,
Et toute ma jeunesse et toute ma beauté.
Eh bien, oui, j'ai mon but! eh bien, oui, j'ai mon rêve,
Qui me donne la force, et m'exalte et m'élève,
Qui me paira cent fois, s'il peut être accompli :
Dans le présent, l'honneur! dans le passé, l'oubli!

M. ERNEST.

Ce que vous faites là, si je comprends l'histoire,
Serait... de la couture alors.... expiatoire.
Si ce n'est pas très-neuf, au moins c'est très-touchant.

ESTHER.

Vous avez donc souffert, que vous êtes méchant?

M. ERNEST.

Les plus lourdes douleurs sont-ce toujours les nôtres?
Non, je n'ai pas souffert; j'ai fait souffrir les autres!
Alors, c'est chose dite, Armand vous convertit.
J'ai fait ce métier-là, quand j'étais tout petit.
Et je sais les travers où l'on se laisse prendre.
L'homme veut oublier, la femme veut apprendre;
Lui s'indigne, elle pleure; on est très-exalté,
On maudit la famille et la société...

3

Et dire que le quart de l'amour qu'on gaspille
Suffirait au bonheur de quelque honnête fille!
Que les hommes sont fous!

ESTHER.

Ah! vous êtes cruel!

M. ERNEST.

Non. Mais, en vérité, c'est donc spirituel
D'enfouir sa jeunesse en des coins sans issue?
Où cela mène-t-il? C'est une chose sue,
Que tous ces grands amours, tous uniformément,
Qui sont nés d'un hasard, meurent d'un bâillement.
Et comme c'est heureux! Car, si l'un deux persiste,
Regardez-moi, voyez si ce n'est pas plus triste.
Moi, je n'ai même pas ce bonheur du conjoint,
Fait d'un journal exact et d'un dîner à point.
Et l'on m'appelle Ernest, oui, ma chère, à mon âge!
Ernest! Et j'ai du ventre, et j'ai tout un ménage,
Une femme, un enfant; je ne sais pas pourquoi.
L'une n'est pas à moi, l'autre n'est pas de moi,
Et pourtant je les ai, je les *sors,* chose grave;
Car, quand on sort l'enfant, on l'habille en zouave!
Et je traine ma vie en poussant des hélas!
Voilà comme on finit quand on n'en finit pas.

ESTHER.

Ah! mon Dieu! Voulez-vous me rendre un bon office?

M. ERNEST.

Ce serait de me taire, hein?... A votre service.

ESTHER.

Eh bien, oui, par pitié, par grâce, taisez-vous!
Qu'importe qu'il soit faux, si mon espoir est doux ?
C'est ma vie à présent, laissez-moi ce mirage.
Quel plaisir trouvez-vous à m'ôter le courage!
Tous ces raisonnements, ne le savez-vous pas?
Que vous faites tout haut, je me les fais tout bas,
Et je pâlis à voir l'avenir face à face;
Mais que puis-je? A quoi bon? Que faut-il que je fasse?
Tenez! tenez! un soir... quand? je n'en sais plus rien,
J'étais... ce que j'étais, je vivais mal ou bien,
Je l'ignorais. Un soir, je passais dans la rue,
Des hommes m'insultaient, et lui m'a secourue,
Il m'a donné son bras, il m'a donné la main,
Il m'a parlé d'honneur pendant tout le chemin,
Il m'a traitée, enfin, comme une honnête femme.
Et moi, pendant ce temps, je sentais en mon âme
S'éveiller, à sa voix, comme un sens inconnu.
Je ne sais quoi de doux, de fier et d'ingénu,
Qui fait que la rougeur à la face nous monte.
Oui, c'était de l'orgueil et c'était de la honte.
Et plus tard — seule alors — je n'oublirai jamais,
Je me suis regardée et j'ai pleuré. — J'aimais!
Cette douceur, au moins, ne m'est pas défendue?

M. ERNEST.

Allons, décidément, vous êtes bien mordue.
Vous savez, tout cela me touche vaguement...
Ah! voici le jeune homme !

SCÈNE III.

ESTHER, M. ERNEST, ARMAND.

ESTHER, courant à lui.

Enfin! Armand, Armand!
Comme vous venez tard, vilain!

ARMAND.

C'est vrai, ma chère.
Je me suis, à causer, oublié chez ma mère.

Apercevant M. Ernest.

Vous êtes là, monsieur?

M. ERNEST, à part.

Il ne peut pas me voir...

Haut.

Oui, mon voisin, c'est moi; je suis venu ce soir,
Madame Ernest donnant son rout hebdomadaire,
Vous inviter tous deux, si cela peut vous plaire.
On pose, on joue, on triche... enfin, à part cela,
C'est comme dans le monde et pas plus gai. Voilà.

ARMAND.

Nous n'allons nulle part.

M. ERNEST.

Vous refusez la fête?
Vous préférez alors rester en tête-à-tête,
Relire *Marion Delorme* au coin du feu,
Vous aimer à huis clos, en bâillant quelque peu,
Savourer en un mot les bonheurs du ménage.

ARMAND.

Pour vous-même, monsieur, cessez ce badinage;
A votre âge, il sied mal.

M. ERNEST.

Au vôtre, il siérait mieux :
Oui, je suis trop plaisant, et vous trop sérieux.

ARMAND.

Laissons cela, monsieur; je suis comme il faut être;
Mais, puisque le hasard nous a fait nous connaître,
Et que vous revenez toujours sur ce propos,
Je vous parlerai franc : vous perdez vos bons mots.
J'ai passé ma jeunesse entre un vieux maître austère
Et ma mère, bien loin d'ici, dans une terre,
Et je n'appartiens pas à ce monde moqueur
Qui déserte, en raillant, les actes de son cœur;
Dont la sotte pudeur se croirait offensée
Par le sincère aveu d'une bonne pensée;
Où, jeune et vieux, tous sont à l'affût d'un détour
Qui les mette en dehors de cette loi d'amour
Que nous sanctionnons par le rire ou les larmes.
J'ignore quel mérite et je ne sais quels charmes
On peut trouver au fond de ce stérile effort;
Car vivre, c'est sentir; sentir, c'est être fort.
Je me vante bien haut d'être joyeux ou triste :
Je pleure, donc je suis, et je ris, donc j'existe!
Et j'aime, et je l'avoue, et je m'en vante aussi.
C'est peut-être naïf, mais on m'a fait ainsi.

M. ERNEST.

Je m'explique à présent ce sérieux précoce;
Alors, c'est différent, si c'est un sacerdoce.

ARMAND.

Oui, monsieur, c'en est un, et le plus doux qui soit,
Que de sauver une âme en l'élevant à soi,
Et, quelque nom plaisant dont le monde le nomme,
Si l'acte est d'un enfant, la pensée est d'un homme.

M. ERNEST.

Votre vieux maître austère et son enseignement
Ont fait merveille, alors. Je vous fais compliment.
Mais c'est Eliacin! — Ah! jeune homme incurable!
Croyez-en un vieillard qui n'est pas vénérable,
Mais qui, s'y trouvant mal, connaît bien ce pétrin;
Vous êtes de province? Eh bien, prenez le train.
Le courage, en amour, consiste dans la fuite.
Et, là-dessus, voisin, bonsoir. Bonsoir, petite.

ARMAND, sérieusemen

Dites madame Armand, monsieur, si vous voulez.

M. ERNEST.

Quand je vous le disais! Prenez le train, allez!
Madame Ernest m'attend. Vous n'avez pas l'idée
De venir à son rout, c'est chose décidée?...
Non? — Je vais la rejoindre alors avec entrain...

Il va lentement vers la porte, puis se retournant.

C'est égal. Mon voisin...

ARMAND.

Monsieur?

M. ERNEST.

Prenez le train!

Il sort.

SCÈNE IV.

ESTHER, ARMAND.

ARMAND.

Cet homme est à la fois hargneux et vil; en somme,
C'est le vice attardé. Je n'aime pas cet homme. —
Mais qu'as-tu donc?

ESTHER.

Moi, rien, c'est fini, c'est passé.
Je t'aime, je te vois, et tout est effacé.

ARMAND.

Reste là, près de moi.

ESTHER.

Je demande une trêve
Pour vous montrer d'abord ce qu'a fait votre élève.

Elle lui apporte des papiers.

Voici tous mes devoirs, monsieur le professeur.
Maintenant, grondez-moi. J'écoute avec douceur.
Puis, quand ce sera fait, si vous êtes bien sage,
Vous irez avec moi reporter mon ouvrage.
Dis donc, au magasin, on nous croit mariés...
Mais allons donc, monsieur, parlez-moi, souriez,
Dites que vous l'aimez un peu, cet être infime,
Mais meilleur, grâce à vous.

ARMAND.

Je fais mieux, je l'estime.

ESTHER.

N'est-ce pas, que l'on peut encore m'estimer?
Ah! si tu pouvais donc toujours, toujours m'aimer!
Mais. tiens, veux-tu savoir une pensée amère?
Quand tu pars, le matin, quand tu vas chez ta mère,
Quand j'ai perdu de toi jusqu'au bruit de tes pas,
Je pense alors : « Peut-être il ne reviendra pas. »
Aussi, quand tu reviens, je souris et je pleure;
Je dis : « Encore un jour de pris, encore une heure! »
Oh! je le sais bien, va, que tu me quitteras;
Mais, quand tu le voudras, et comme tu voudras.
Tu m'aimes, et c'est tout ce dont je me soucie;
C'est plus que je ne vaux, et je t'en remercie;
C'est assez de bonheur pour tout mon avenir,
Car tu ne pourras pas m'ôter le souvenir.

ARMAND.

Je ne suis pas de ceux qu'un caprice délie,
Ne crains rien de mon cœur.

ESTHER.

                          Et pourtant c'est la vie;
Tu t'en iras un jour, il le faudra bien; mais
Dans longtemps, n'est-ce pas? longtemps? dis-moi : « Jamais! »
Mais, tu vois, tu me fais parler et je m'attarde,
Et nous ne faisons rien pendant que je bavarde.
Je vais ranger l'ouvrage. Il faut, dans un instant,
Que nous l'allions porter tous les deux. On l'attend.

ARMAND.

Alors, je vais t'aider.

ESTHER.

Non, non, laissez-moi faire ;
Ces soins sont du ressort de votre ménagère.
Pendant ce temps, lisez, lisez, mon maître.

Elle va ranger différents objets, puis revenant à lui.

Eh bien,
On est donc mécontent, que l'on ne me dit rien ?
C'est qu'aussi cette étude était très-compliquée.
Ah ! mon Dieu ! je me suis pourtant bien appliquée.

ARMAND.

Il est mieux que content, le maître est fier de toi.

ESTHER.

Vrai ! tu ne le dis pas pour te moquer de moi ?
Merci ! Tu ne sais pas comme j'en suis heureuse.
O mon Armand, mon âme ardente et généreuse,
Qui m'aimas ignorante, aveugle, et qui depuis
M'as, de ce que j'étais, faite ce que je suis,
Mon sauveur et mon Dieu, toi qui m'as fait une âme,
Toi dont je suis l'enfant presque autant que la femme ;
Dont l'amour patient a su me révéler
Ce langage du beau que le bien doit parler ;
Toi qui m'as prise au mal comme on vous prend au gouffre,
Je ne puis que t'aimer, misérable, et je souffre,
Quand tu hausses mon cœur presque au niveau du tien,
Quand tu me donnes tout, de ne te donner rien !

ARMAND.

Va, tu ne connais pas l'ineffable délice
De cette volupté qu'on nomme sacrifice,

3.

Et ce qu on sent de joie et d'orgueil satisfait
Quand on voit le bien-vivre et qu'on dit : « Je l'ai fait! »
Et que sous ses baisers s'éveille une âme morte!
Non! non! Tu ne sais pas ce que cela rapporte
D'animer le néant et de lui dire : « Sois! »
Aussi, ne comptons pas, vois-tu ; je te redois.

ESTHER.

Comme ton cœur est bon et ta volonté haute!

Elle l'embrasse.

Alors, décidément, je n'ai pas fait de faute?
Sais-tu que me voilà très-instruite à présent!
Tu regardes mes mains; comme c'est déplaisant,
Le travail les flétrit. M'aimes-tu tout de même?

ARMAND.

Tes deux vaillantes mains, je les baise, et je t'aime!

ESTHER.

Ah! moins que moi.

ARMAND.

Tu crois?

ESTHER.

Eh! vite, il se fait tard.
C'est qu'il ne faudrait pas arriver en retard ;
Je dois toucher mon mois. Voyons, à ma toilette!

Elle prend son chapeau et son châle.

En rentrant, si tu veux, nous ferons la dinette.
J'ai là certains gâteaux que vous aimez, gourmand!
Non, non, ne m'aide pas. Quand tu m'aides, Armand,
Il faut recommencer. Partons!... attends!... demeure :

Comme nous resterons dehors une grande heure,
Dites que vous m'aimez et pour tout ce temps-là.

ARMAND.

Ma bien-aimée, et pour toujours. C'est bien cela?

ESTHER.

Oui, partons!

SCÈNE V.

LES MÊMES, **MADAME ERNEST.**

ESTHER.

Ah! c'est vous, madame Ernest.

MADAME ERNEST.

Ma chère,
En voisine, je viens vous faire une prière.

Saluant Armand.

Ah! c'est monsieur Armand.

ARMAND.

Je vous attends en bas,
Esther.

Il sort après avoir froidement rendu son salut à madame Ernest.

MADAME ERNEST.

Décidément, il ne nous aime pas.

ESTHER.

Nous ne pourrons, ce soir, aller à votre fête.

MADAME ERNEST.

Je sais. Ma porcelaine étant fort incomplète,
Je viens tout simplement pour vous en emprunter.

ESTHER, lui montrant une armoire.

A votre aise, prenez, je peux vous en prêter.
Je me sauve, on m'attend; jusqu'à ce que je vienne,
Je vous laisse au logis et maîtresse et gardienne.

MADAME ERNEST.

Mais...

ESTHER.

Je me sauve!

Elle sort en courant.

SCÈNE VI.

MADAME ERNEST, puis M. ERNEST.

MADAME ERNEST.

Eh bien, elle me laisse là !

Elle va à la porte, et appelle.

Ernest! Mon Dieu, quel homme! Ernest!

M. ERNEST, entrant lentement.

Voilà ! voilà !

MADAME ERNEST.

Mais venez donc m'aider !... Tâchez donc d'être utile.

Elle lui passe des tasses à mesure qu'elle les prend.

M. ERNEST.

Tiens, vous allez cueillir de la vaisselle en ville!

C'est donc un grand gala. Je m'en irai, c'est bon.
Et qui doit encombrer ce soir votre salon?

MADAME ERNEST.

Mais tu le sais par cœur ; pourquoi cette demande?

M. ERNEST.

Toujours le général et madame Fernande?

MADAME ERNEST.

Sa femme.

M. ERNEST.

Ou celle qui du moins en tient l'emploi.

MADAME ERNEST.

Et va l'être avant peu, mon cher, de par la loi.

M. ERNEST.

Depuis assez longtemps il est surnuméraire,
Le vieux, il a le droit d'être enfin titulaire ;
C'est à l'ancienneté qu'il passe époux. Et puis?

MADAME ERNEST.

Mais le petit baron.

M. ERNEST.

Et madame Dupuis?

MADAME ERNEST.

La baronne, mon cher.

M. ERNEST

Encore un imbécile
Qui croit la vie à deux moins lourde et plus facile
Quand on ne porte pas le titre de mari...
Et sans doute monsieur avec madame Henri?

Un mari, celui-là, mais d'une bonne espèce,
Qui mange chez sa femme et vit chez sa maîtresse.
Bref, le noble faubourg... Belle société !...

MADAME ERNEST.

Vous êtes, ce me semble, un peu bien dégoûté !

M. ERNEST.

Oh ! ce monde n'a rien qui me choque ou m'irrite,
C'est celui de mon choix, j'ai ce que je mérite ;
Et le jeune ménage, alors, décidément
Refuse de venir ?

MADAME ERNEST.

Mais oui.

M. ERNEST.

Ce pauvre Armand !
Gageons qu'il fait d'Esther sa femme ?

MADAME ERNEST.

Je l'espère.

M. ERNEST.

Pauvre diable ! Ah çà ! mais ni son vieux maître austère,
Ni sa mère, personne alors ne lui dit non,
Qu'avec cette candeur il joue ainsi son nom ?

MADAME ERNEST.

Il sera bien à plaindre ! Une femme jolie
Et sage... S'il l'épouse... où donc est la folie ?
D'ailleurs, il l'a formée, et, grâce à ses leçons,
La voilà fort honnête et de bonnes façons.

M. ERNEST.

Il aura beau prêcher ; être épouse, être mère,

Cela ne s'apprend pas avec une grammaire...
Après tout, qu'il s'arrange et se garde de mal,
C'est son affaire, à lui : cela m'est bien égal.

MADAME ERNEST, venant s'appuyer sur le dossier
de son fauteuil.

Vaut-il pas mieux cent fois, au lieu de quelque prude,
Prendre une femme à soi, dont on a l'habitude,
Qui connaît bien vos goûts...

M. ERNEST.

　　　　　　A quoi sert de ruser?
Moi, je ne le peux pas, tu sais bien, t'épouser.
Et quelle chance encor! car je crois me connaître,
Et, si je l'avais pu, j'en serais là, peut-être.

Amèrement.

Ma vie, à ses débuts, était belle, pourtant.

MADAME ERNEST, à part, s'esquivant.

Bon! ça va devenir très-gai dans un instant.

M. ERNEST, rêvant tout haut.

Le sort m'avait doué de façon peu commune :
Jeune, avec un beau nom, une grande fortune,
Pour faire des heureux et pour l'être à ce prix,
Je n'avais qu'à vouloir, je ne l'ai pas compris.
Le vice m'attirait. — J'avais le vice drôle;
On m'aimait en bas lieux, et j'y jouais un rôle.
Ces succès me flattaient; ils m'ont toujours flatté
Le défaut le plus bête est bien la vanité.
Et, moi, je poursuivais mon triomphe facile,
Renouvelant toujours mon public imbécile·

Et, quand un compagnon, plus honnête ou moins sot,
Me quittait, l'escortant de quelque joli mot.
J'ai borné mon chemin croyant le faire large,
Et, pour y mieux marcher, jetant bas toute charge,
Ainsi je suis allé, flânant jusques au bout,
Victime de moi-même... Et je ne dis pas tout!
Mes bons mots ont passé, la vieillesse est venue,
Et me voilà, devant ma vie aride et nue,
Ruiné de tous points, n'ayant plus aujourd'hui
Qu'un lien, l'habitude, et qu'un souci, l'ennui!
Cachant à tous les yeux mon existence étrange,
Écoutant, dans mon cœur, le devoir qui se venge.

MADAME ERNEST.

C'est aimable pour moi, ce que vous dites là.

M. ERNEST, continuant sans se détourner.

Forcé de vivre avec la femme que voilà,
Ayant tout le fardeau d'un lien légitime,
Sans son allégement suprême et doux : l'estime.
M'endormant sans espoir, m'éveillant sans désir,
Enviant la douleur à l'égal d'un plaisir :
En passe, par ma faute et ma très-grande faute,
De finir Polonais dans une table d'hôte.

MADAME ERNEST, se levant.

Que ne me quittez-vous, puisque vous êtes las
De moi ?

M. ERNEST.

Vous savez bien que je ne le peux pas.
M'en aller? Où cela? Pour quoi faire? A mon âge,
Recommencer à vivre? En ai-je le courage?

Et, d'ailleurs, où sont-ils, ceux que je pourrais voir?
Est-ce que j'en sais rien? Je n'en veux rien savoir;
C'est bien le moins qu'on ait la pudeur de sa honte.

MADAME ERNEST.

Vous êtes dur pour moi, ce soir, monsieur le comte.

M. ERNEST, avec emportement.

Assez! je vous défends de m'appeler ainsi,
Entendez-vous?

MADAME ERNEST.

Eh bien, m'allez-vous battre aussi?
Vous le prenez, monsieur, d'une façon bien haute.
Ah! vous vous trouvez seul? Est-ce que c'est ma faute?
Ah! vous me méprisez! Eh bien, monsieur, j'en ris,
Et, pour votre mépris, je n'ai que du mépris.
Il fallait comme un autre accomplir votre tâche.
Pourquoi la déserter?

M. ERNEST.

Parce que je suis lâche!

MADAME ERNEST.

Et pourquoi vous venger sur moi de vos dépits?

M. ERNEST.

Parce que je suis lâche encore, je vous dis.

MADAME ERNEST.

Il se trouve coupable et c'est moi qu'il accuse!
Qui de nous, s'il vous plaît, a besoin d'une excuse,
Si nos deux avenirs sont pris dans ce lien?
Monter était le vôtre, et descendre le mien,

C'est à vous, non à moi, monsieur, qu'il faut s'en prendre,
Si, quand j'ai pu monter, vous avez pu descendre!

M. ERNEST, après un silence.

C'est vrai. Tous ces regrets sont au moins superflus,
Et vous avez raison, tenez, n'en parlons plus...
Où donc est votre enfant?

MADAME ERNEST.

Si vous disiez le vôtre?

M. ERNEST.

Je m'en rapporte à vous. Enfin, mettons le nôtre.
Où donc est le petit, que je ne le vois pas?

MADAME ERNEST.

Le petit? je l'ai mis chez le concierge en bas;
Il touche à tout, il prend les gâteaux sur la table,
Et quand on a du monde, il est insupportable.

M. ERNEST.

Ah! le cœur d'une mère, hein? Depuis qu'il est né,
Le fait est que ce fils m'aura très-peu gêné;
On ne l'a pas trop vu, je vous en rends justice...
Il fumait quand on l'a retiré de nourrice!
Je vais l'aller chercher et sortir avec lui.

MADAME ERNEST.

Vous ne restez donc pas, alors?

M. ERNEST.

Pas aujourd'hui.

Il boutonne son paletot et raillant.

Le monde me fatigue, et je me sens maussade.

MADAME ERNEST, relevant le collet de son vêtement.

Au moins, couvrez-vous mieux, car vous êtes malade.

M. ERNEST, s'arrêtant.

Bonne fille, après tout. Tiens, donne-moi la main.

MADAME ERNEST.

Laisse-moi donc tranquille, un autre jour, demain,
Lorsque tu seras las de me chercher querelle.

M. ERNEST, sur le pas de la porte.

Ah ! c'est le couple Henri.

SCÈNE VII.

LES MÊMES, M. et MADAME HENRI.

MADAME ERNEST, allant à madame Henri.

Venez donc, chère belle.
Et veuillez m'excuser de recevoir ici.
Entrez pour un instant, je termine ceci,
Et je suis tout à vous.

MADAME HENRI.

Bonsoir, chère madame.

MADAME ERNEST.

Comment vous portez-vous ?

MADAME HENRI.

Mon Dieu, comme une femme
Inquiète. Ce soir, l'enfant n'allait pas bien,
Je l'ai laissé souffrant. Et le vôtre ?

MADAME ERNEST.

Oh! le mien...

M. ERNEST.

Il est serré.

MADAME HENRI.

Pourtant, et cela me rassure,
Il est entre les mains d'une bonne très-sûre
Et qui m'en a donné la preuve bien des fois,
Enfin, presque une mère.

M. ERNEST.

A trente francs par mois!

HENRI, allant à lui.

Tiens, vous êtes là, vous?... Très-cher, je suis le vôtre.

M. ERNEST

Comment va votre femme?

HENRI, gaiement.

Oh! très-bien!...

M. ERNEST.

Non, mais l'autre,
Pas celle-ci.

HENRI, tristement.

Très-mal, mon pauvre ami, je crois
Qu'elle est bien bas, bien bas, ah! je porte ma croix!

Il reprend gaiement.

Hier, j'ai mené ma femme au bal!

M. ERNEST.

Ah! bon apôtre!...
Votre femme malade?

HENRI.

Eh! non, mon ami, l'autre.

M. ERNEST.

Celle-ci ?

HENRI.

Vous raillez, ce n'est pas généreux.
La chère femme...

M. ERNEST.

L'autre ?

HENRI.

Oui, me rend malheureux.

M. ERNEST, lui serrant la main.

Je la plains.

HENRI.

Toujours triste et valétudinaire,
Je fais ce que je peux, et je vais d'ordinaire
La voir deux fois par jour.

M. ERNEST.

Je connais l'almanach...
Aux heures des repas?... C'est d'un bon estomac.

HENRI.

La maison d'une infirme est d'un morose extrême,
Je voudrais vous y voir.

M. ERNEST.

Et moi, c'est tout de même,
Je voudrais vous y voir.

HENRI, s'esquivant.

Toujours original.

M. ERNEST.

Cet homme est plein de cœur.

SCÈNE VIII.

LES MÊMES; LE GÉNÉRAL, très-cassé; FERNANDE,
le soutenant, paraissent au fond.

MADAME ERNEST.

Par ici, général.

LE GÉNÉRAL, lui baisant la main.

Belle dame!...

Il tousse.

Pardon!

FERNANDE.

Prenez donc une chaise,
L'escalier est si rude. Êtes-vous plus à l'aise?

LE GÉNÉRAL.

Je suis pourtant très-fort; mais, depuis quelque temps,
Je ne sais ce que j'ai.

M. ERNEST, à part.

Tiens, parbleu, soixante ans!

LE GÉNÉRAL.

Fernande?

FERNANDE.

Mon ami?...

LE GÉNÉRAL.

Vous avez mes pastilles?

FERNANDE.

Oui, Charles, les voici.

Elle lui donne une boîte, puis entraîne madame Ernest sur le devant de la scène.

Je viens de voir ses filles
Et son gendre à Saint-Roch, à la fin du sermon.
Ils auraient bien voulu venir chez moi ; mais non !
On m'a tendu la main dans la nef, sous la chaire.
Tout Paris était là, je triomphais, ma chère.

MADAME ERNEST.

Tant mieux, j'en suis charmée et vous fais compliment.

M. ERNEST.

Vous leur permettez donc de mordre au testament?

FERNANDE.

S'ils se conduisent bien avec moi, je l'espère ;
Car je tiens dans mes mains la fortune du père,
Et ce qu'ils en auront ne sera qu'un présent.
Aussi, l'on ne veut plus me chasser, à présent,
On n'a plus de mépris, plus de parole amère
Pour celle qui sera bientôt leur belle-mère !
Dans la peur de tout perdre, ils demandent pardon.
Comme je les méprise à mon tour !

M. ERNEST.

Et moi, donc !

MADAME ERNEST, montrant le général.

Mais enfin, lui, leur père.. ?

FERNANDE.

Oh! lui... je l'environne...

SCÈNE IX.

Les Mêmes. LA BARONNE, très-parée.

LA BARONNE.

Tiens! vous recevez donc chez le voisin?

MADAME ERNEST, allant à elle.

Baronne...

LA BARONNE, saluant.

Général!

LE GÉNÉRAL, toussant.

Belle dame!

LA BARONNE, saluant.

Eh! c'est madame Henri!

Saluts.

M. ERNEST.

C'est comme dans le monde.

Haut.

Et votre faux mari,
Baronne?

LA BARONNE.

Il va venir.

M. ERNEST.

Il est encore en course!
Vous ne ménagez pas ses jambes.

Regardant sa toilette.

Ni sa bourse.

LA BARONNE.

Ce sont ses diamants qu'il m'a donnés, mon cher.

M. ERNEST.

Lui qui reste garçon parce que c'est moins cher.

LA BARONNE.

Pour un petit cadeau, faut-il tant d'épigrammes?

M. ERNEST.

Eh! les petits cadeaux entretiennent les femmes!

MADAME ERNEST, l'attirant à elle, bas.

Qu'elle est belle ce soir, avec ce teint vermeil!
Petite, laissez-moi vous donner un conseil.

M. ERNEST, à part.

Bon! ce sera joli.

MADAME ERNEST.

Depuis que Brenti chante,
On vous voit bien souvent à l'Opéra.

LA BARONNE.

Méchante!

MADAME ERNEST.

Vous trompez le baron vraiment trop à loisir...
Ça ne vous fait donc rien?

M. ERNEST.

Si! ça lui fait plaisir.

MADAME ERNEST

Soyez donc sérieuse et laissez l'amourette.
Notre monde n'est pas un monde de lorette,
Vous nous obligeriez à cesser de vous voir;

Le baron finirait, d'ailleurs, par tout savoir.
Avec lui, vous avez un avenir superbe,
Mais n'allez pas faucher votre récolte en herbe,
Anna, pas de caprice, et jouez votre jeu.

M. ERNEST.

Voilà de la morale, ou je m'y connais peu.

MADAME ERNEST.

On ne peut pas savoir où ces amours emportent,
C'est le premier qui coûte...

M. ERNEST.

Oui, les autres rapportent.

LE GÉNÉRAL.

Fernande?

FERNANDE.

Mon ami?

LE GÉNÉRAL.

Nous restons là. pourquoi?

MADAME ERNEST.

Mais, quand vous le voudrez, nous passerons chez moi.

FERNANDE, prenant le bras du général.

Venez, Charles.

LE GÉNÉRAL.

Madame!

MADAME HENRI, se défendant de passer devant la baronne.

Oh! non pas! la seconde.

LA BARONNE, de même.

Non, madame.

MADAME HENRI, de même.

Après vous!

Elles passent en se prenant le bras.

M. ERNEST, qui les regarde pendant qu'elles sortent cérémonieusement.

C'est comme dans le monde!

SCÈNE X.

M. ERNEST, seul.

Il va à la glace et s'y regarde.

Que fais-tu là, pauvre homme, avec tes cheveux blancs?
Bah! Quand je serais triste et me battrais les flancs...
Je prendrai le zouave, en passant, dans la loge.

Il se dispose à sortir et s'arrête.

Dire que l'on m'aimait! cela fait leur éloge. .
Où diable vais-je aller? devant moi, n'importe où,
Pourvu que je m'en aille.

SCÈNE XI.

M. ERNEST, ARMAND, ESTHER.

M. ERNEST, à part.

Ah! c'est mon jeune fou!

Haut.

Vous le voyez, je suis encor chez vous, je traîne;
Mais je m'en vais, bonsoir!...

A part et le regardant.

Il me fait de la peine,
Il est bon, beau, vaillant, loyal, enfin parfait...

Allant à lui avec effusion.

Ah! jeune homme...

Changeant de ton.

Bonsoir!

A lui-même en sortant.

Qu'est-ce que ça me fait?

SCÈNE XII.

ESTHER, ARMAND.

ESTHER.

Enfin, nous voilà seuls, ma tâche est terminée,
Je peux par le bonheur clore enfin ma journée.
Mais tout d'abord serrons l'argent de notre mois.

Elle va ouvrir un meuble.

J'ai gagné tout cela, plus de cent francs, tu vois!
C'est peu ; mais, quand je prends cette pauvre monnaie,
Il me semble que c'est ma rançon qu'on me paie!...
Je ne te fais pas rire avec mon air vainqueur?

ARMAND.

Non. Cet orgueil aussi t'est compté dans mon cœur.

ESTHER.

Eh bien? Vous avez l'air chez moi d'être en visite.

ARMAND.

C'est qu'en effet, ce soir, il faut que je vous quitte.

ESTHER.

Tu me quittes, Armand! Je ne te comprends pas!

ARMAND.

Je rentre chez ma mère.

ESTHER.

Ah! mon Dieu! tu t'en vas!
Pourquoi? Que t'ai-je fait? On t'a dit quelque chose?...
On veut nous séparer?...

ARMAND.

Non, ce n'est pas la cause.
Je viendrai chaque soir, et, chaque soir aussi,
Dorénavant, Esther, je m'en irai d'ici.

ESTHER.

Quoi? Comment? Que veux-tu? Quelle est donc ta pensée?

ARMAND.

N'est-ce pas comme on fait avec sa fiancée?...

ESTHER.

Sa fiancée!... Armand!... parle... mais parle donc!

Se jetant à son cou.

Tu m'aimes toujours bien! Ce n'est pas l'abandon,
N'est-ce pas? Que veux-tu, sans toi, que je devienne?

ARMAND.

Rassure-toi, voyons; mets ta main dans la mienne.
Je vais vous épouser, Esther.

4.

ESTHER.

Armand! Armand!
Vous jouez-vous de moi? plaisantez-vous, vraiment?

ARMAND.

Il est temps de quitter ce monde pour un autre :
Vous connaîtrez ma mère, elle sera la vôtre,
Et c'est de son aveu que nous devons nous voir.
Je vous trouve à présent mûre pour le devoir.
Je vais vous épouser... Mais tu pleures?

ESTHER.

Écoute,
Certes, je suis à toi tout entière, oh! oui, toute.
Où j'allais? Je ne sais ; tu m'as tendu la main,
C'est de toi que je tiens tout ce que j'ai d'humain .
La passion du bien, le respect de moi-même,
L'ineffable douceur d'estimer ce que j'aime ;
J'étais aveugle, et toi, tu m'as fait voir ce jour
Dont les deux astres sont la pudeur et l'amour !
La femme que je suis, c'est toi qui l'as tirée
De rien... Je suis ton œuvre... enfin, tu m'as créée!
Tu ne peux rien de plus! Aime-moi, mais tout bas;
Toujours, si tu le veux, mais ne m'épouse pas!

ARMAND.

Pourquoi? T'en crois-tu donc indigne?

ESTHER.

Ah! sur mon âme
Je pourrais bien jurer d'être une honnête femme!

ARMAND.

Eh bien, toi, l'être faible, ignorant, insulté,
Qui s'est fait un honneur à coups de volonté,
Qui s'est conquis lui-même à la honte jalouse,
Toi, fille de toi-même, entends-tu, je t'épouse :
J'unis dans l'avenir ton sort avec le mien,
Et parce que je t'aime, et parce que c'est bien !

ESTHER.

Non, non ! pas cet espoir ! Avec une parole
Tu m'as faite assez fière et tu me rendrais folle !
Restons cachés, veux-tu ? T'épouser ? Moi ! J'ai peur
Si tout ce bruit allait réveiller le malheur !
Je veux n'être dans l'ombre, et sans qu'on me connaisse,
Que le sourire ému de ta libre jeunesse.
Je me suis, me dis-tu, fait un honneur ; eh bien,
Laisse-moi celui-là, je ne veux pas du tien !

ARMAND.

Que crains-tu ? le passé ? Je t'absous, je le raie,
Ou si c'est l'avenir du devoir qui t'effraie ?

ESTHER.

Moi ! Mais cet avenir serait tout mon espoir ;
Mais c'est mon mal secret, si tu veux le savoir !
Moi, craindre le devoir, moi ! mais j'en ai la rage ;
Mais tu m'as mis au cœur des trésors de courage ;
Mais tout me serait bon, mais tout me serait doux,
Mais je l'accomplirais, cette tâche, à genoux ;
Mais c'est une espérance à donner le vertige !
Pourquoi me la montrer ? c'est mal, c'est mal, te dis-je !

Mais, si tu le veux, toi, le monde le défend.
A moi ton nom! un nom! un foyer! un enfant!
A moi tous ces bonheurs dont on m'avait exclue,
Mais ce serait le ciel, et je serais l'élue!
Non! c'est trop beau, cela ne peut pas arriver,
Ne me fais pas rêver! ne me fais pas rêver!

ARMAND.

Crois-moi, tu peux porter ce nom dont je te nomme,
Tu peux honnêtement aimer un honnête homme,
C'est moi qui te le dis, et va, je m'y connais.

ESTHER.

Mais le monde?

ARMAND.

                        Eh! que fait le monde? Je le hais;
Sa justice égoïste est d'ailleurs éphémère.
Puis ne vivrons-nous pas loin de lui?

ESTHER.

                                    Mais ta mère?

ARMAND.

Ma mère est une juste, et, quand elle saura
De quoi ton cœur est fait, ma mère t'aimera.

ESTHER.

Non, non! Ne lui dis rien! Ne me fais pas connaître.
Qui sait? Elle voudrait nous séparer, peut-être.

ARMAND.

Enfant, tu crois en moi?

ESTHER.
Certes!

ARMAND.

En mon honneur.

ESTHER.

J'y crois!

ARMAND.

Laisse-moi donc le soin de ton bonheur.

ESTHER.

Armand...

ARMAND.

Et maintenant, ma chère fiancée,
Que vous savez pourquoi vous êtes délaissée,
Donnez-moi votre front.

Il l'attire à lui et l'embrasse.

Adieu jusqu'à demain.

Il va pour sortir

ESTHER.

Armand, tu tiens encor l'avenir dans ta main,
Réfléchis.

ARMAND.

A demain, ma femme!

Il sort

SCÈNE XIII.

ESTHER, seule.

Est-ce possible?...
Quoi! ce passé vivant, fatal, irrémissible,
On peut donc l'oublier!... Mais, moi, je me souviens!

Et, s'il le veut, pourtant, lui qui sait d'où je viens!
Je serais...

Riant amèrement.

Ah! la folle! avec son espérance!
Mais tu ne vois donc pas que c'est de la souffrance,
Et qu'avec ton secret, ton bonheur est parti!

Elle tombe sur un siège en pleurant.

SCÈNE XIV.

ESTHER; MADAME ARMAND, sur le seuil
de la porte.

MADAME ARMAND.

Madame Armand?

ESTHER.

C'est moi!

MADAME ARMAND.

Vous en avez menti!

ESTHER.

Ah! vous êtes sa mère!...

Silence.

MADAME ARMAND.

Et vous sans doute celle
Qui se fait épouser, dites, mademoiselle?

ESTHER.

Non! Ne le croyez pas! Je le lui disais bien,
Que son rêve était fou. Moi, je n'en savais rien,
Non, je n'en savais rien, madame, je le jure!

MADAME ARMAND.

Oui, j'attendais cela!

ESTHER.

Cette parole est dure,
Madame.

MADAME ARMAND.

Répondez. Depuis combien de temps
Mon fils vient-il ici?

ESTHER.

Depuis bientôt deux ans.

MADAME ARMAND.

Et, ce que vous étiez avant de le connaître,
Vous pourriez, sans rougir, me l'apprendre peut-être?
Vous vous taisez! Faut-il vous le dire, en ce cas?

ESTHER.

Mon Dieu!

MADAME ARMAND.

Rassurez-vous! Je ne l'oserai pas.

ESTHER.

Grâce, madame!

MADAME ARMAND.

Alors, lasse de cette vie,
On veut bien honorer notre honneur d'une envie,
Et l'on se fait aimer par le dernier venu
Parce qu'on est habile et qu'il est ingénu!
La famille serait le refuge, à ce compte,
De tous ceux qui voudraient s'évader de la honte;
Et vous porteriez, vous, le nom de nos enfants,
Et vous portez le mien!... Mais je vous le défends!...

ESTHER.

Madame, je n'ai pas mérité cette injure...
Mais quand je vous le dis, mais quand je vous le jure,
Que c'est lui qui le veut contre ma volonté!...
Nous autres, nous disons parfois la vérité.

MADAME ARMAND.

Peut-être croyez-vous que cette affaire est belle;
Vous vous trompez, je suis pauvre, mademoiselle.

ESTHER.

Ah! comme je sens bien que vous me méprisez!...
Pourtant je ne suis pas celle que vous pensez,
Madame, et j'ai du moins cette pudeur...

MADAME ARMAND, l'interrompant, en regardant autour d'elle.

                  Sans doute,
Mon fils est quelque part, ici, qui vous écoute?

ESTHER.

Armand n'est pas chez moi, non, madame.

MADAME ARMAND.

                    Pourquoi
Chez vous? Dites chez lui.

ESTHER.

           Non, madame, chez moi;
J'ai payé ma misère, et puis à cette place
Le recevoir sans honte et l'avouer en face.

MADAME ARMAND.

Alors, votre candeur ne cache là-dessous
Ni projets ni calculs?

ESTHER.

Je l'aime!

MADAME ARMAND.

                              Ah! taisez-vous!
Ne parlez pas d'amour, ici, mademoiselle.

ESTHER.

Ah! madame, c'est trop, et vous êtes cruelle!
Alors, je ne vaux plus ni pitié ni pardon,
Et c'est fini pour moi. Mais regardez-moi donc!
Si je fus autrefois de celles que vous dites,
Si j'ai, dans mon passé, de ces dates maudites,
Ce passé, que je hais, n'a pas duré longtemps,
Car déjà je l'expie, et je n'ai pas vingt ans!
Ah! vous autres pour qui la vie est une fête,
Qui trouvez au berceau la vertu toute faite,
Vous êtes sans clémence et sans justice aussi,
Car vous ne savez pas ce qui se passe ici.
Ah! si vous le saviez, vous seriez moins amères.
Vous êtes pures, vous! Mais vous avez vos mères,
Vous avez vos enfants, vous avez vos époux;
Beau mérite, avec eux, d'être chaste; mais nous,
Nous, les filles du mal, nous, les abandonnées,
C'est, si nous sommes là, que nous y sommes nées:
Notre enfance appartient à la fatalité.
Est-ce que l'ignorance a de la volonté?
Aussi, quand le hasard, moins dur que vous, madame,
Nous permet de vouloir et nous dessille l'âme,
Quand nous avons gravi, sur les pieds et les mains,
Le Calvaire escarpé des repentirs humains,

                                                    5

Seules, sous le mépris, la misère et le doute;
Quand nous sommes là-haut, enfin, coûte que coûte,
Nous avons bien le droit de dire, au moins tout bas :
« Voilà ce que j'ai fait! Toutes ne le font pas! »

MADAME ARMAND.

Et nous! Croyez-vous donc que nos jours sans alarmes
N'ont pas connu la lutte et le secret des larmes?
Et que nous triomphons sans avoir combattu,
Et que c'est de hasards qu'est faite la vertu?
Savez-vous seulement, pour nous porter envie,
Dans quels déchirements se passe notre vie?
Et, vous qui nous prenez nos enfants, nos époux,
Ce qu'ils nous font souffrir, dites, le savez-vous?
Et la stupeur de l'âme et ses révoltes folles,
En voyant cette fange où roulent ses idoles,
Et que ceux qu'elle aimait font, par leur abandon,
De l'amour éternel un éternel pardon?
Aussi, quand nous avons épuisé le calice
Et que notre passé s'appelle sacrifice;
Quand du naufrage entier de notre court bonheur
Nous avons pu sauver le trésor de l'honneur,
Et que nous abordons fièrement la vieillesse,
Sans remords, sans regrets, sans plainte, sans faiblesse,
Nous avons bien le droit de dire en nous vantant :
« Voilà ce que j'ai fait! — Faites-en donc autant! »

ESTHER.

C'est vrai!

MADAME ARMAND.

Finissons-en! Qu'espérez-vous?

ESTHER.

J'espère...
Mon Dieu... Je ne sais plus...

MADAME ARMAND.

Si vous êtes sincère,
Si vous avez pour lui quelque ombre d'amitié,
Il ne faut plus le voir.

ESTHER.

Pas cela, par pitié!
Tout ce que vous voudrez, mais pas cela, madame!
Laissez-moi cet amour, l'avenir de mon âme,
Ma force, mon espoir, ma foi, ma pureté.
Vous êtes la vertu, soyez donc la bonté!
Je ne sais que vous dire... enfin, tenez, je pleure,
Croyez-moi... je vous ai mal parlé tout à l'heure,
C'est vrai, j'étais trop fière et j'en reçois le prix...
Je ne suis pas, non plus, faite à tant de mépris!...
Mais, voyez... maintenant, voyez, je m'humilie...
Laissez-moi mon amour, oh! je vous en supplie...
Je ne fais pas de mal, puisque je vous promets
De ne pas l'épouser... Ne plus le voir jamais!...
Pensez donc... je suis seule et n'ai pas de famille...
Que vais-je devenir, s'il s'en va! pauvre fille!
S'il s'en va c'est fini, je retombe plus bas,
Le passé me reprend et je ne le veux pas!
Car Armand ne m'a pas seulement convertie,
Il m'a séduite au bien, il m'en a pervertie!
Je ne peux plus faillir... Je vous prie à genoux,
Laissez-le-moi, madame...

SCÈNE XV.

ESTHER, aux genoux de madame Armand ;
MADAME ARMAND ; ARMAND, paraissant au fond.

MADAME ARMAND.

Armand !

ARMAND, allant prendre Esther par la main.
Relevez-vous !

A sa mère.

L'abbé m'a tout appris, jusqu'à votre colère,
Et je viens, regrettant que vous ayez, ma mère,
Et pour votre justice et pour ma dignité,
Par un autre que moi connu la vérité.
Aussi bien deviez-vous l'entendre de moi-même.
Vous savez à présent, ma mère, que je l'aime,
Mais qui j'aime en l'aimant, vous l'ignorez !

MADAME ARMAND.

Passez !

Tout ce que vous diriez là-dessus, je le sais.

ARMAND.

Jusqu'alors, j'attendais, pour parler de la sorte,
Que ma conviction se fût faite assez forte
Pour en être immuable... Elle s'est faite ainsi.

MADAME ARMAND.

Donc, je suis devant vous, chez cette femme, ici,
Et voilà ce que vous me donnez pour excuse ?...

ARMAND.

Je ne me défends pas, ne sachant qui m'accuse

MADAME ARMAND.

C'est bien. — Adieu!

Elle va pour sortir.

ARMAND.

Ma mère!

MADAME ARMAND, le pressant dans ses bras.

Ah! mon fils! mon enfant!
Non; je ne te crois pas; mon cœur me le défend...
Ce n'est pas toi qui parle... Armand, je t'en supplie,
Dis-moi que c'est un rêve, un moment de folie,
Et que tu ne peux pas faire cela!...

ARMAND.

Pourquoi?

MADAME ARMAND.

Mon Dieu! mon Dieu!

ARMAND, avec une tendresse grave.

Voyons, ma mère, écoutez-moi.
Depuis longtemps déjà cet enfant est ma femme,
Elle a place à ma vie, et ce que je réclame
N'est que la sanction et du titre et du rang.
Oui... cela vous irrite et cela vous surprend...
Croyez-moi, vous savez, ma mère vénérée,
Si pour nous deux l'honneur est la chose sacrée,
Et si je tiens au mien, l'ayant reçu de vous :
Eh bien, je vous le dis, elle est digne de nous!

MADAME ARMAND.

Eh! son passé, quand même, en serait-il moins triste?
Il existe! On ne peut empêcher qu'il n'existe.

ARMAND.

En est-elle coupable? Et quelle y fut sa part?
Faut-il donc la punir des crimes du hasard?...

MADAME ARMAND.

Et quand il serait vrai, devant l'équité nue,
Diras-tu ces grands mots à ceux qui l'ont connue,
Quand il te faudra fuir ou rougir devant eux?

ARMAND.

C'est à ceux-là de fuir et d'en être honteux ;
Car je vois bien leur faute et ne vois pas ma faute.
Et qui, d'eux ou de moi, doit marcher tête haute?
Lequel, à votre avis, doit nous déshonorer,
Ou de faire le mal, ou de le réparer?

MADAME ARMAND.

Mais cette tâche est folle, et folle ta conduite!
Qui t'y force? Voyons! Tu ne l'as pas séduite,
Tu ne l'as pas trompée et tu ne lui dois rien.

ARMAND.

Mais je l'aurais trompée en l'amenant au bien,
Si je l'abandonnais ainsi que font les autres,
Maintenant, grâce à moi que la voilà des nôtres;
Je serais plus qu'eux lâche et digne de mépris
En rejetant ce cœur où ma pitié l'a pris.
Maintenant que j'en ai fait une honnête femme,
Qu'en faire? Répondez? N'ai-je pas charge d'âme?

Ah! tenez! Si, trouvant que mon œuvre est mauvais,
Vous me dites : « Va-t'en! tu le peux! » je m'en vais.

MADAME ARMAND.

Oh! comme je maudis ma tendresse profonde,
Qui t'a gardé pour elle et t'a caché le monde!
Mais, quand tu le croirais, qu'il soit coupable ou non,
Lui devoir ton amour, lui devrais-tu ton nom?

ESTHER.

Votre mère a raison, Armand, et, ce langage,
Je l'ai tenu déjà, rendez-m'en témoignage ;
Car je ne voudrais pas, malgré tous vos efforts,
Que de mon souvenir vous fissiez un remords.
Ma plus haute espérance et la plus désirée
Était d'être honorable et non d'être honorée ;
Il ne faut pour cela ni titre ni témoins ;
D'ailleurs, en acceptant, je m'estimerais moins :
J'ai mon orgueil aussi.

MADAME ARMAND.

C'est bien, mademoiselle.

ARMAND.

Vous l'entendez, ma mère, et vous parlez comme elle!
Se peut-il? Le devoir a-t-il un double aspect;
Et, digne de l'amour, l'est-on pas du respect?
Est-il donc, selon vous, une race ennemie
Que la fatalité marque pour l'infamie,
Que rien ne peut sauver et qui doit toujours voir
Même le repentir lui refuser l'espoir?
N'est-ce donc qu'à la mort que le pardon commence?
Quel mensonge de Dieu serait donc la clémence!

Je n'ai pas du devoir un idéal si bas,
Et vous que je connais, vous ne le pensez pas;
Vous ne le pensez pas, vous si juste et si tendre,
Qu'on la puisse juger sans qu'on la doive entendre.
Trouvez-la donc coupable avant de la punir,
Faites ce que Dieu fait, donnez-lui l'avenir.

MADAME ARMAND.

Que veux-tu donc de moi?

ARMAND.

Je ne veux rien; j'espère
Que vous voudrez l'entendre et l'éprouver, ma mère,
Pour essayer son cœur et juger, jour par jour,
Sur quel amour profond j'ai bâti mon amour.

MADAME ARMAND.

Est-ce que j'ai compris? As-tu cette pensée?
Ta maîtresse chez moi?

ARMAND.

Non, mais ma fiancée.
Ah! ma mère, écoutez, et croyez votre enfant,
Eh bien, oui, c'est étrange, oui, tout vous le défend!
Oui, l'exigence est rare et paraît insensée!
Oui, c'est l'envers du monde, et sa loi renversée!
Mais sommes-nous du monde? Et qui saura, que nous,
Ce secret, dites-moi, s'il est gardé par vous?
Est-ce juste après tout? Je ne veux qu'une épreuve,
Si je me suis trompé, j'en demande la preuve;
Je mets entre vos mains mon sort et je vous dis :
Voyez et prononcez, prononcez, j'obéis.
Mère, mère, il s'agit du bonheur de ma vie,

Vous pouvez bien sortir de la route suivie.
Trouvez dans votre cœur une bonne raison !
Je vous dis qu'elle peut entrer dans la maison,
Elle le peut, vous dis-je, elle m'aime, elle est pure,
Croyez-moi donc, enfin, puisque je vous le jure...
Mon Dieu ! pour le prouver, qu'est-ce que je ferais !
Ah ! tenez !

Il court à Esther, l'embrasse, et se retournant vers sa mère.

Sans cela, dites si j'oserais !

MADAME ARMAND.

Ainsi donc, rien ne peut t'arracher cette idée ?

ARMAND.

Rien.

MADAME ARMAND.

Et dans mon refus si j'étais décidée ?

ARMAND.

J'attendrais sans faiblir.

MADAME ARMAND, à elle-même.

Je n'ai plus que cela !
Si je fais mal, que Dieu me juge !

A Armand.

Amène-la.

Elle sort.

ARMAND.

Esther !

5.

SCÈNE XVI.

ARMAND, ESTHER; M. ERNEST, dans le
plus grand trouble.

M. ERNEST.

Armand! Armand! quelle est donc cette femme
Que je viens de voir là? Répondez!

ARMAND.

Cette dame
Est ma mère, monsieur.

M. ERNEST.

Vous?... votre mère... Armand'..
Lui! c'est sa mère!...

A part, avec accablement.

Eh bien, voilà le châtiment.

ACTE TROISIÈME

Chez madame Armand. — Décor du premier acte.

SCÈNE PREMIÈRE.

MADAME ARMAND, L'ABBÉ, jouant aux cartes à droite de la scène; ARMAND et ALINE, causant à gauche près de la cheminée; ESTHER, assise au fond et brodant; UN DOMESTIQUE devant madame Armand, qui tient une carte de visite à la main.

MADAME ARMAND, au domestique.

Et ce monsieur alors insiste pour me voir?

LE DOMESTIQUE.

Il vient depuis trois jours; il reviendra ce soir.

MADAME ARMAND, regardant la carte.

Son nom m'est inconnu.

LE DOMESTIQUE.

C'est, dit-il, pour affaire
Qui presse; s'il revient, que me faudra-t-il faire?

MADAME ARMAND, après réflexion.

Vous le ferez entrer.

Le domestique sort.

A l'abbé, qui regarde Esther et est absorbé dans cette contemplation.
Eh bien, quand joûrez-vous?

L'ABBÉ.

Oh! madame, pardon.

Ils se mettent à jouer.

ALINE, à Esther.

Venez donc près de nous,
Mademoiselle; au fond de cette grande chambre,
Vous devez avoir froid, par ce temps de décembre

ARMAND, à Aline.

Arrivant de province, elle est farouche un peu.

ALINE.

Approchez-vous encore, approchez-vous du feu.

ESTHER, humblement.

Merci... Je n'ai pas froid.

ALINE.

Cependant, il me semble
Que vous êtes glacée et que votre main tremble;
Sentez-vous du malaise?

ESTHER.

Oh! non, non.

ALINE.

C'est qu'aussi,
Depuis trois jours entiers que vous êtes ici,
Vous n'êtes pas sortie une fois; mais je gage
Que Paris vous effraye. Au début du voyage

Moi, j'étais comme vous et j'avais peur de lui.
Vous auriez dû venir avec nous aujourd'hui.

ARMAND.

Vous avez été loin dans votre promenade ?

ALINE.

Non... L'abbé m'a menée auprès d'une malade,
Une trouvaille à lui... N'êtes-vous pas surpris
De cet isolement où l'on est à Paris,
Et de l'indifférence égoïste et profonde
Que l'on a l'un pour l'autre en cet étrange monde ?
On y vit, on y meurt, on y souffre à l'écart,
Et la charité sainte est fille du hasard.

MADAME ARMAND, à l'abbé.

Si vous ne jouez pas, je vais gagner d'emblée !

L'ABBÉ.

Pardonnez derechef, ma tête est si troublée...

ALINE, à Esther.

Je crois que vous serez plus heureuse avec nous ;
Le croyez-vous aussi ? Vous nous connaissez tous,
A part George pourtant. — George est mon autre frère,

Elle lui tend la main.

Car, en comptant Armand, j'en ai deux ; mais j'espère
Que George aura pour vous, si vous y consentez,
L'estime que je sens et que vous méritez.

L'ABBÉ.

Monstrueux !

MADAME ARMAND.

Jouez donc !

L'ABBÉ.

Eh bien, non, non, madame,
Non, monsieur votre fils, dont vous connaissez l'âme,
Ne peut sans comparer, ni s'indigner en rien,
Voir ce que nous voyons ici.

MADAME ARMAND, à elle-même.

J'y compte bien.

A l'abbé.   A Aline.

Jouez donc! jouez donc! — Quelle est, chère petite,
Cette malade à qui vous avez fait visite?

ALINE.

Ah! malheureuse femme! Armand, figure-toi
Un taudis sombre, infect, tout en haut, sous le toit,
Et, là, sans feu, sans lit, sur un grabat couchée,
Une femme, une veuve et nouvelle accouchée.
Pas de draps; des haillons servaient de traversin, —
Un tout petit enfant vagissait à son sein,
Et deux autres plus grands, serrés contre leur mère,
S'étaient, pour s'échauffer, couchés près d'elle à terre.
Quand nous sommes entrés, ils ont fixé sur nous
Leurs yeux brillants, des yeux effarouchés et doux.
La femme, quoique jeune encor, paraissait vieille.
Je crois qu'ils n'avaient pas mangé depuis la veille,
Depuis la veille au moins; car, en voyant du pain,
La mère a fait un geste horrible de la main
Et s'est mise à pleurer doucement, sans rien dire;
Et les petits enfants ont éclaté de rire,
Et, de ces pleurs muets et de ces cris heureux,
Je ne sais pas lequel était le plus affreux.

Puis, pendant que l'abbé donnait la nourriture,
On a monté le bois, les draps, la couverture ;
Et, moi, j'ai fait du feu. J'avais le cœur bien gros,
Et la femme pleurait sans trouver d'autres mots
Que « Dieu ! mon Dieu ! mon Dieu ! » deux mots, toujours les mêmes ;
Et puis elle embrassait ses pauvres petits blêmes,
Avec de grands sanglots qui vous répondaient là,
En répétant : « Mon Dieu, mon Dieu ! » rien que cela ;
Mais d'un accent profond, si pénible et si tendre,
Que cela faisait mal et que, sans plus attendre,
Nous nous sommes sauvés lâchement tous les deux,
Navrés au fond du cœur et pourtant bien heureux.

ARMAND.

Chère sœur !

MADAME ARMAND.

Chère enfant !

Esther se lève et sort sans mot dire.

ALINE.

Eh bien, mademoiselle
Que faites-vous ? — Ma tante, elle s'en va, qu'a-t-elle ?
— Armand, elle pleurait.

SCÈNE II.

MADAME ARMAND, L'ABBÉ, ARMAND, ALINE.

ARMAND.

Sans doute ce récit...

ALINE.

Non, déjà bien des fois je l'ai surprise ainsi ;

Non, c'est l'occasion, mais ce n'est pas la cause,
Et l'on peut expliquer autrement, je suppose,
Sa tristesse profonde et sa timidité
Qui, surtout devant vous, touche à l'humilité.

MADAME ARMAND.

Que veux-tu dire ?

ALINE, hésitant.

Eh bien, pourquoi donc, vous si **bonne,**
Gardez-vous avec elle un maintien qui m'étonne ?...
Vous lui parlez à peine, autant dire jamais.

A l'abbé.

N'est-il pas vrai, monsieur ?

L'ABBÉ.

Mademoiselle... mais
Je crois qu'en l'accueillant, madame votre tante
Donne par cela seul une preuve évidente
D'une très-peu commune et bien grande bonté.

ALINE.

Mais l'aumône n'est pas toute la charité ;
On la fait de la main, mais aussi du sourire...

A madame Armand.

Vous ne m'en voulez pas de ce que j'ose dire,
Vous me l'avez appris... Aide-moi donc, Armand.

ARMAND.

Chère Aline !

ALINE.

Pourquoi la traiter froidement ?
Qu'a-t-elle fait ? Voyons, faut-il qu'on vous l'envoie ?
Vous la consolerez, donnez-lui cette joie ;

Vous le pouvez d'un mot, je réponds du moyen...
D'un de ces mots si doux que vous dites si bien.

ARMAND, l'attirant à lui et l'embrassant.

Ah ! tiens, je t'aime !

ALINE, à part.

Il m'aime !

MADAME ARMAND, à part.

Aveugle !

ALINE.

Chose dite !

Je vais la retrouver et vous l'envoyer vite.
Merci, ma bonne tante.

Elle sort précipitamment.

SCÈNE III.

MADAME ARMAND, ARMAND, L'ABBÉ

ARMAND, après un silence.

Et moi, je dis aussi :
Elle est auprès de vous, et grâce à vous, merci.

MADAME ARMAND.

Ah ! ne me sachez gré ni de cette pensée,
Ni de cette action où vous m'avez poussée ;
Mon fils, en tout cela je n'ai fait qu'obéir,
Et je n'en réponds pas, c'est assez d'en souffrir.

L'ABBÉ.

Mon jeune ami !

ARMAND.

Ma mère...

MADAME ARMAND.

Êtes-vous pas le maître ?
N'ayant pu l'empêcher, j'ai bien dû m'y soumettre.
Et quel autre moyen avais-je en mon pouvoir
De combattre l'erreur que vous nommez devoir ?
Ne vous ai-je pas dit tout ce que j'ai pu dire ?
Tout ! jusqu'à vous livrer votre père à maudire.

ARMAND.

Ma mère, plus un mot de cet homme, jamais !

L'ABBÉ.

Et que vous persistiez encore désormais !

MADAME ARMAND.

De mon appui, d'ailleurs, ne voyez pas la preuve
Dans mon consentement à cette étrange épreuve.
Si pour un tel essai j'ai prêté ma maison,
C'est parce que le temps doit me donner raison.
Je n'ai vu que la fin dans le moyen dont j'use,
C'est ma seule raison comme ma seule excuse.

ARMAND.

Et pourtant...

MADAME ARMAND.

Brisons là, vous ne m'entendez pas.
J'attendrai que le temps vous éclaire. En tout cas,
Vos torts, pour grands qu'ils soient, partent d'une âme haute,
Comprenant votre erreur, j'excuse votre faute,
Et je ne vous en veux que de m'avoir ôté
La chaste illusion de votre pureté,

Ma croyance naïve et ces douces chimères
Que sur tous leurs enfants se font toutes les mères,
Et mes rêves d'hier qu'aujourd'hui me défend...
Ah! mon fils, c'est fini, tu n'es plus mon enfant!

ARMAND.

Si! votre enfant toujours, chère mère, et quand même,
Et parce que, voulant vous montrer pourquoi j'aime,

Montrant l'abbé.

Des raisons de mon cœur je vous prends pour témoins,
Je suis mieux votre enfant, je ne le suis pas moins!...

SCÈNE IV.

MADAME ARMAND, ARMAND, L'ABBÉ.

ESTHER paraît à la porte de gauche et y reste immobile.

ARMAND, allant à elle.

Venez, Esther, venez ; la part qui vous est faite
Est lourde, je le sais, mais relevez la tête ;
On ne baisse le front que quand le regard ment,
Et la sincérité se porte fièrement.
Ma mère est notre juge et non notre ennemie.
Je vous laisse avec elle et je m'en vais, amie,
Bien certain qu'il ne faut, l'ayant vu de mes yeux,
Pour vous estimer plus que vous connaître mieux.

Il sort. L'abbé sort derrière lui en levant les bras au ciel

ESTHER, à madame Armand.

Vous devez me haïr ?

MADAME ARMAND.

Je vous plains.

ESTHER.

Ah! madame,

Si vos yeux à présent lisent mieux dans mon âme,
Vous savez, n'est-ce pas, pourquoi je suis ici ;
C'est parce qu'il le veut, contre moi-même aussi.
Me pardonnerez-vous jamais ?

MADAME ARMAND.

Je vous pardonne.

ESTHER.

Ah! madame, merci, merci, vous êtes bonne.
Allez! depuis trois jours, j'ai payé chèrement
Le droit d'entendre enfin un mot qui soit clément.
Moi près de vous! chez vous! il semble que je rêve!
J'ai là je ne sais quoi qui pleure et se soulève;
Je me croyais plus haut, je me trouve plus bas;
La maison me regarde et ne me connaît pas,
J'ai peur qu'on ne me parle et je crains qu'on se taise;
Tout ici m'inquiète et me froisse et me pèse,
Tout! jusqu'à cette enfant si bonne, à qui je mens,
Et dont les bontés sont comme des châtiments.

MADAME ARMAND.

La situation est en effet cruelle,
Et non pas seulement pour vous, mademoiselle.

ESTHER.

Vous croyez que je suis sincère, au moins?

MADAME ARMAND.

Je crois

Que nous sommes ici sincères tous les trois.

ESTHER.

Et que je ne mens pas, et que mon âme est pure
De tout intérêt vil et caché?

MADAME ARMAND.

J'en suis sûre.
Eh! seriez-vous chez moi si je ne l'étais pas,
Et si la certitude où je suis, en tout cas,
Ne m'en justifiait vis-à-vis de moi-même?

ESTHER.

Et vous croyez aussi, n'est-ce pas, que je l'aime?

MADAME ARMAND.

Comme à ce repentir je crois à cet amour.

ESTHER.

Eh bien, permettez-moi de me dire qu'un jour,
Pas à présent, oh! non, mais bien plus tard, que sais-je?
Car enfin le bonheur n'est pas un privilége,
A force de souffrir et de m'humilier,
Qu'un jour, peut-être, un jour, vous pourrez oublier...
Silence.
Jamais! il est pourtant impossible qu'on vive
Ainsi morte à l'honneur avec sa vertu vive!...
Alors, je fais donc mal entrant dans la maison?

MADAME ARMAND.

Ne m'interrogez plus... Nous avons tous raison .
Vous de l'aimer ainsi, craignant de redescendre,
Armand de le permettre, et moi de le défendre.

ESTHER.

Oui, j'ai votre pitié, oui, j'ai votre pardon,
Je n'ai pas votre estime ?

MADAME ARMAND.

Ah ! pas encore...

Elle sort.

ESTHER, avec désespoir.

Non !

Elle tombe accablée sur le canapé, la tête dans ses mains.

SCÈNE V.

ESTHER; ALINE et GEORGE, entrent par le fond.

GEORGE.

Et tu ne l'aimes plus, bien vrai ?

ALINE.

Je te le jure.

GEORGE.

Tu le jures, c'est bon ; mais... en es-tu bien sûre ?

ALINE.

Oui, puisque je le veux.

GEORGE.

Et le cœur ?

ALINE.

Il se tait.

GEORGE.

C'est fini ?

ALINE.

C'est, du moins, comme si ça l'était.

GEORGE, l'embrassant.

Bien, bien, petite sœur, vous êtes une femme.

Il descend en scène.

Ma tante n'est pas là... Tiens! quelle est cette dame?

ALINE.

C'est une demoiselle envoyée à Paris
Par des anciens amis de ma tante.

GEORGE.

Tu ris.

Depuis quand?

ALINE.

Trois jours...

GEORGE.

Bah!

ALINE.

Mais oui, là, chez ma tante,
Depuis trois jours; voyons, viens, que je te présente.

A Esther.

Je vous présente, ainsi que je vous l'ai promis,
George, mon frère et l'un de vos futurs amis.

Saluts.

ESTHER, à part.

Son frère! Allons, encore une épreuve nouvelle.

GEORGE, après un silence.

Vous ne connaissez point Paris, mademoiselle?

ESTHER, avec embarras.

Non, monsieur... non.

GEORGE, à part.

Parbleu! voilà qui serait fort.

Haut.

Ainsi, vous habitiez la province?

A part.

Ah! j'ai tort.

ESTHER, de même.

J'habitais la province.

A part.

Oh! comme il me regarde.

GEORGE, à part.

Mais son trouble pourtant, cette rougeur...

ALINE, bas, à George.

Prends garde!

Tu l'observes vraiment d'une étrange façon.

GEORGE, à part.

Oh! je veux sans tarder éclaircir ce soupçon.

Haut.

Nous avons des amis communs, m'a dit Aline,
Des amis de ma tante?

ESTHER, à part.

Ah! je sens qu'il devine.

Haut.

Oui, monsieur.

GEORGE.

Et lesquels?

ALINE, bas, à son frère.

Assez, George.

GEORGE.

Pardon.

Il entraîne sa sœur à l'écart et lui parle bas.

ESTHER, à part.

Que fait-il? ô mon Dieu!... Mais cela se voit donc?

GEORGE, bas, à sa sœur.

Son nom?

ALINE.

Esther.

GEORGE.

Esther! Laisse-nous, je l'exige.
Je t'en prie, allons, va.

ALINE.

Mais...

GEORGE, en la poussant doucement.

Laisse-nous, te dis-je,
Seuls, tous deux, il le faut.

A lui-même.

Ce serait inouï.
Oh! je veux le savoir, je le veux!...

SCÈNE VI.

GEORGE s'avance lentement vers Esther, assise et courbée
sous son regard; ESTHER, après une scène muette, se lève
et le regarde en face.

ESTHER.

Eh bien... oui!

GEORGE.

Je m'en doutais! C'est vous sa maîtresse, madame.

ESTHER.

Non, mais celle qu'il croit digne d'être sa femme.

GEORGE.

Oh ! n'équivoquons pas... J'ignore la raison
Qui vous a fait donner accès dans la maison,
Elle est bonne sans doute, elle est juste peut-être;
Mais je ne la connais ni ne veux la connaître.
Il s'agit de ma sœur, et je voudrais savoir
Qui va sortir d'ici, d'elle ou de vous, ce soir?

ESTHER.

Monsieur...

GEORGE.

Ah! pardonnez à cette brusquerie,
C'est que j'ai sur ce point toute une théorie,
Bizarre... je le veux, étroite... je le vois,
Mais je suis là-dessus bourgeois et très-bourgeois.
Mon Dieu, je ne conteste ici, mademoiselle,
Votre conversion, non plus que votre zèle,

Et l'homme en moi s'en veut d'agir brutalement,
Mais le frère ne peut vous parler autrement;
On ne raisonne pas lorsque le cœur proteste.
Un seul mot : Partez-vous ou restez-vous ?

ESTHER.

Je reste.

Oui, je reste! Aussi bien devant certain affront,
Tout humble que l'on soit, faut-il lever le front !
En suis-je là vraiment, que, sans même connaître
Où je vais, d'où je viens, et ce que je puis être,
Et si de tels mépris sont ou non mérités,
Et rien qu'en me voyant, on me dise : « Sortez? »

GEORGE.

Mon obstination est sans doute profonde,
Je ne discute pas, je fais comme le monde.
La cause importe peu, je ne vois que l'effet.
Involontaire ou non, une chute est un fait.
Elle est comme ce mal qui nous marque à la face:
Même en en guérissant, on en porte la trace,
Et, délivré du mal, on a l'infirmité.
Ce qui fut ne peut point ne pas avoir été.
Et le monde a raison, j'ai cette foi robuste.

ESTHER.

Non, cela n'est pas vrai, non, cela n'est pas juste,
Je le sais, je le sens! Ce serait raturer
Le devoir de grandir et le droit d'espérer.

GEORGE.

Que mon cousin le croie et que ce soit sublime,
Il se peut; je le laisse errer sur cette cime

Et prêcher le pardon et professer l'oubli,
N'étant pas, en amour, pour le fait accompli.
Ce que je ne veux pas, c'est que ma sœur soit prise
Dans les hasards nombreux d'une telle entreprise,
C'est affaire à vous seule, à chacune sa part.
Donc, partez, elle reste... ou restez, elle part.

ESTHER.

Je ne partirai pas, je resterai quand même,
C'est Armand qui le veut et je l'aime, je l'aime !
Cet amour est mon guide, il marche, je le suis,
C'est par lui que je vaux, c'est par lui que je suis;
Il se rive en mon cœur, par un lien intime,
A l'orgueil du respect, au besoin de l'estime.
Ce cœur qui s'est ouvert ne peut plus se fermer.
Pourquoi m'a-t-on fait croire et m'a-t-on fait aimer ?
Si mon ambition aujourd'hui paraît haute,
Me la suis-je donnée ? est-ce que c'est ma faute ?
Le bien cherche le mieux; tant pis ! je ne peux pas,
Arrivée où je suis, retourner sur mes pas !
Aurais-je osé rêver ces choses insensées ?
On hausse notre espoir en haussant nos pensées...
Et d'ailleurs, si l'honneur s'hérite comme un bien,
On peut le conquérir, et j'ai conquis le mien !

GEORGE.

Sur ces conclusions qui me paraissent nettes,
Je ne vois pas pourquoi les femmes sont honnêtes,
Si, quoi qu'on ait pu faire, on a droit néanmoins
A d'autant plus d'honneur qu'on en avait eu moins
Je sais que, sur le mot de la Femme adultère,
Quelques-uns jusque-là poussent le commentaire,

Mais le Dieu du pardon lui-même, en ce cas-là,
Dit : « Ne la tuez pas! » mais non : « Épousez-la! »
Bref, et bien qu'à regret, je maintiens mon dilemme :
Elle ou vous! il le faut. Je vous laisse à vous-même,
M'excuse et me retire et reviendrai savoir
Votre décision ce soir même. A ce soir.

Il salue et sort.

SCÈNE VII.

ESTHER, seule; puis ALINE.

ESTHER.

C'est bien ! frappez-moi tous avec les mêmes armes!
Niez le repentir, ce baptême de larmes!
Barrez-moi le chemin, allez! serrez vos rangs!
Je l'ai, votre vertu, puisque je la comprends!
Qu'ai-je de moins que vous dans ma vie? Au contraire,
J'ai le malheur de plus!

ALINE, entrant doucement.

Il est parti, mon frère?

ESTHER.

Il reviendra ce soir.

ALINE.

Mais qu'avez-vous donc?

ESTHER.

Moi?

ALINE, avec beaucoup d'intérêt et de tendresse.

On vous a fait pleurer encore, je le voi.

6.

Vous avez du chagrin, une peine secrète.
Pourquoi ne pas parler? Voyons, je suis discrète,
Et, pour vous en guérir, j'ai peut-être un moyen.

ESTHER.

Mais non, vous vous trompez, je n'ai rien, je n'ai rien.

ALINE.

Ah! si vous permettiez seulement qu'on devine?

ESTHER.

Mademoiselle...

ALINE.

Non, Aline, votre Aline...

ESTHER.

Je n'ai pas de secret.

ALINE.

C'est me pousser à bout;
Ne me dites donc rien, aussi bien je sais tout.

ESTHER.

Que dit-elle?

ALINE.

Du jour où vous êtes venue,
Esther, la vérité m'était déjà connue;
J'avais tant de raisons pour y voir clairement
Esther, Armand vous aime, et vous aimez Armand;
Il veut vous épouser, et ma tante résiste...
Ai-je bien deviné pourquoi vous êtes triste?

ESTHER.

Se peut-il? vous savez?...

ALINE.

Je sais même pourquoi
Ma tante se refuse au mariage, moi.

ESTHER.

Pas vous! oh! non, pas vous!

ALINE.

C'est qu'au fond de son âme
Elle a toujours rêvé que je serais sa femme,
Et tout autre projet ne peut être à son gré.
Mais n'ayez plus de crainte, allez, je parlerai.
Je me charge de tout... Comme vous êtes belle!
Ah! rien qu'en vous voyant, je me suis dit : « C'est elle! »
Vous m'avez plu d'abord, vous avez l'air si doux,
Si timide et si pur!...

ESTHER.

Ah! tenez, taisez-vous!
Vous ne pouvez savoir le mal que vous me faites.
Oh! comme je voudrais être ce que vous êtes!

ALINE, s'attendrissant à mesure qu'elle parle.

Votre amour aurait trop à perdre au changement.
Ne vous affligez plus..., vous l'aurez, notre Armand.
Il faudra bien l'aimer, Esther, il le mérite.

Elle lui prend la main. — Esther la regarde avec étonnement.

Il était tout enfant lorsque j'étais petite,
Et nous avons grandi dans la même maison ;
Je ne le quittais pas... Voyez-vous, il est bon ;
C'est l'âme de sa mère, ardente, généreuse,
Et grande ouverte au bien... Ah! vous êtes heureuse...

Il faudra bien l'aimer... promettez-moi ceci,
Bien l'aimer, n'est-ce pas ?

ESTHER, avec éclat.

Ah ! elle l'aime aussi !

ALINE, discrètement.

Il ne faut pas le dire.

ESTHER.

Et je viens vous le prendre !...
Et vous !... En vérité, je ne peux vous comprendre.

ALINE.

Pour qu'Armand soit heureux n'est-ce pas le moyen ?

ESTHER.

Et vous sacrifiez votre bonheur au mien ?

ALINE.

Mais faire son bonheur n'est pas un sacrifice.
Qu'aurait-il donc fallu, selon vous, que je fisse ?

ESTHER.

Mais, encore une fois, je ne vous comprends pas ;
On lutte, on se défend, on résiste en tout cas,
Et le cœur se refuse à de pareils divorces.

ALINE.

C'est pour mieux que cela que je garde mes forces,
Et, pour que je mendie un amour disputé,
J'ai trop peu d'égoïsme ou j'ai trop de fierté.

ESTHER.

Mais ce n'est pas aimer, cela !

ALINE, doucement.

Si, tout de même.

ESTHER.

Et vous me haïssez alors !

ALINE, lui tendant la main.

Vous ? — Il vous aime.

ESTHER, la repoussant.

Enfin pourquoi ? pourquoi me dites-vous ceci ?
Vous avez des raisons pour me parler ainsi...

ALINE.

Pardonnez-moi, j'ai cru vous retirer de peine...

ESTHER.

Et vous cédez sans lutte ?

ALINE.

Oh ! non, j'ai dit sans haine.
Le reste, mon orgueil est seul à le savoir.

ESTHER.

Vous le faites pourtant ?

ALINE.

N'est-ce pas mon devoir ?
Pour peu que votre amour lui cause de disgrâce,
Vous en feriez autant...

ESTHER.

Ah ! mon Dieu ! grâce ! grâce !
Mais moi, c'est impossible !

ALINE, étonnée.

Esther!

ESTHER, avec force.

                    Non, eh bien, non
Je veux vous dire tout, je le veux.

          ALINE.

                    A quoi bon ?
Il vous aime.

          ESTHER.

          Je veux que vous soyez mon juge.
Cet amour est mon seul et mon dernier refuge;
Lui perdu, je perds tout, comprenez-vous?

          ALINE.

                         Pourquoi?
Au-dessus de l'amour, Esther, on a la foi.

          ESTHER.

Entendez-moi. Je suis de celles que le monde
Ne peut pas accueillir sans charité profonde,
Et j'ai dans mon passé... le malheur.

          ALINE.

                         J'en conclus
Qu'on a pour vous aimer cette raison de plus.

          ESTHER, à part.

Cette enfant me torture.

          Haut.

          Enfin... Armand lui-même,
Sachez-le donc... Armand, voilà deux ans qu'il m'aime,
Entendez-vous?

ALINE, candidement.

Eh bien?...

ESTHER, stupéfaite et reculant.

Elle n'a pas compris!
Chasteté sainte! Oh non! j'aime mieux leur mépris!

ALINE.

Voyons, accordez-moi, si vous m'en jugez digne,
D'être un peu votre amie... Est-ce dit? oui! je signe...

Elle va pour l'embrasser.

ESTHER, la repoussant avec une sorte d'effroi.

Non! ne m'embrassez pas!

Elle se laisse tomber sur le canapé et se cache la tête dans ses mains.

ALINE.

Mais quel air abattu!
Vous me plaignez, Esther?

ESTHER, à part, en la regardant.

Voilà donc la vertu!

ALINE, ferme d'abord, et puis avec une émotion croissante.

Il ne faut pas me plaindre... Oh! je ne suis pas triste.
Toute douleur enferme un bonheur égoïste,
C'est une force, allez, qu'un devoir accompli ;
Puis j'ai le souvenir en attendant l'oubli...
Mais vous permettrez bien, n'est-ce pas? qu'il me fasse
Dans son cœur, après vous, une petite place;
Vous me laisserez bien vous aider à l'aimer?
Songez qu'un si long temps a dû m'accoutumer
A le voir... Après tout, ce n'est qu'une habitude...
Puis je connais ses goûts... j'en ai fait une étude...

Sa santé n'est pas forte... il a souvent besoin
Qu'on y veille... à nous deux nous en aurons bien soin.
C'est moi qui le soignais autrefois... A cette heure,
Ce sera vous et moi... n'est-ce pas? Ah! je pleure.
Esther, il ne faut pas... m'en vouloir... je ne puis...
Oh! je suis lâche!

ESTHER.

Et moi, qu'est-ce donc que je suis?
Qu'est-ce que mes efforts? qu'est-ce que mon courage?
O sainte pureté! t'ai-je fait cet outrage
De croire un seul instant t'avoir conquise? Hélas!
L'on te désapprend bien, mais l'on ne t'apprend pas!...
Pardon, entendez-vous, pardon!... C'est vous l'épouse!...
Ah! vous avez raison de n'être pas jalouse...
Mon Dieu! si vous saviez... Et j'ai cru que j'aimais!
Non! ne devinez pas!... Est-ce qu'on peut jamais
T'égaler, innocence, ô vertu qui s'ignore?
Mais on peut t'imiter, sinon t'atteindre encore.
Je vous dis qu'on le peut, vous verrez! vous verrez!

Elle prend la main d'Aline, la lui baise, et va vers la porte

ALINE.

Esther, que faites-vous?

ESTHER, en sortant, se trouve devant madame Armand qui entre.
et la regarde en face.

Ah! vous m'estimerez!

Elle sort.

SCÈNE VIII.

MADAME ARMAND, ALINE.

ALINE.

Si vous saviez! Esther... Ma tante, c'est étrange..

MADAME ARMAND, la conduisant à la porte de sa chambre.

Plus tard, pas à présent, nous causerons, mon ange.
Cet homme est revenu, qui, je ne sais pourquoi,
Insiste pour me voir... Va...

Elle l'embrasse au front, Aline sort. — Au domestique.

Qu'il entre.

SCÈNE IX.

MADAME ARMAND; M. ERNEST, sur le seuil de la porte.

M. ERNEST.

C'est moi.

MADAME ARMAND, se reculant avec effroi.

Ah!

M. ERNEST.

Je suis reconnu, je le vois. Je m'avise
En ressuscitant là d'une laide surprise,
N'est-ce pas? Je conviens que c'est un dur moment,
Pour moi comme pour vous, Emma.

MADAME ARMAND.

Madame Armand.
7

M. ERNEST.

Oui, nous avons changé, moi mon nom, vous le vôtre,
Pour la même raison, j'estime, l'un et l'autre.
J'inscris à mon actif cette belle action...
Pardonnez-moi... je sens... un peu d'émotion...

MADAME ARMAND.

J'attends.

M. ERNEST.

Pour qu'aujourd'hui je consente à revivre,
Ne fût-ce qu'un moment, pour qu'enfin je vous livre
Le peu d'orgueil que j'ai, pour me donner ce tort
De vous ôter le doute, ou l'espoir de ma mort,
Il me faut des raisons bien puissantes.

MADAME ARMAND.

J'y compte.
Pourtant qu'espérez-vous de moi, monsieur le comte ?
Je suis pauvre ; mes biens, je vous les ai donnés,
Que voulez-vous ?...

M. ERNEST, après un silence.

C'est dur, mais c'est juste... Ah ! tenez,
Quand vous auriez passé les jours à me maudire,
Vous m'en auriez moins dit que je n'ai pu m'en dire,
Étant seul à savoir où je suis descendu.
Après tout, c'est bien fait et cela m'était dû.
Pauvre femme ! vous ai-je assez martyrisée ?...
Pourtant je vous aimais, vous ayant épousée,
Ou du moins je croyais que c'était de l'amour.
Comme un oiseau de nuit qui veut voler au jour,

Je voulais aussi, moi, m'élever d'un coup d'ailes,
Et je suis retombé!... Comment retiendraient-elles
Les hommes comme moi, les femmes comme vous?
Le passé peu à peu revient hanter l'époux
Par les comparaisons honteuses, par la tourbe
Des souvenirs malsains, — on regrette sa bourbe;
Oui, je vous ai quittée et suis tombé si bas,
Que je le referais peut-être, — on ne sait pas...
C'est égal, croyez-moi, vous êtes bien vengée;
C'est un soin dont pour vous une autre s'est chargée
Avec succès. Enfin, laissons ce que je suis :
Je ne viens pas pour moi, mais pour lui, pour mon fils.

MADAME ARMAND.

Votre fils!

M. ERNEST.

Soit... le vôtre.

MADAME ARMAND.

Alors, que vous importe?
Il vous est inconnu.

M. ERNEST.

Nous logeons porte à porte,
Depuis bientôt deux ans, dans la même maison;
Et même il me méprise, et même, — il a raison.

MADAME ARMAND.

Donc, c'était sous vos yeux qu'il aimait cette femme!
Oh! monsieur!

M. ERNEST.

N'est-ce pas que c'est triste, madame?

MALAME ARMAND.

Qui sait? vous protégiez peut-être ces amours?

M. ERNEST.

Ah! madame, c'est trop, c'est trop! Depuis trois jours,
Depuis cette soirée où vous êtes venue,
Toute la vérité m'est seulement connue;
Je sais qu'il est mon fils... votre fils, comme aussi
Que depuis ce jour-là cette femme est ici.
Voilà, sur ma parole, une fâcheuse affaire...
En est-il venu là? l'avez-vous laissé faire?
Quel est donc votre but, que vous l'encouragez?

MADAME ARMAND.

Est-ce à dire, monsieur, que vous m'interrogez?

M. ERNEST.

Non, je n'ai pas ce droit, je le sais, tout me l'ôte;
Mais enfin il se perd, madame.

MADAME ARMAND

                A qui la faute?
Le guider dans le mal, comme moi dans le bien,
C'était là le devoir d'un autre et non le mien.
Il est de ces secrets dont la science amère
Est fermée à la femme et répugne à la mère;
Et si honteux d'ailleurs, que la pudeur défend,
A défaut d'autre orgueil, de les dire à l'enfant.
Nous ne devons parler à nos fils qu'à voix haute.

M. ERNEST.

Et vous avez cédé, madame?

MADAME ARMAND.

> A qui la faute?
> Ce droit d'être obéi sans être discuté,
> Qui donc l'avait reçu? qui donc l'a rejeté?

M. ERNEST.

> Mais, en faisant cela, qu'espérez-vous?

MADAME ARMAND.

> J'espère
> Tout du temps et de moi, monsieur, et rien du père.

M. ERNEST.

> Et si, malgré le temps, vos soins sont superflus?

MADAME ARMAND.

> J'aurai dans ma maison cette honte de plus.

M. ERNEST.

> Cela ne se peut pas; je vais lui faire entendre...

MADAME ARMAND.

> Vous, monsieur? mais comment? je ne puis vous comprendre.
> Eh! vous n'avez sur lui ni recours ni pouvoirs...
> On abdique ses droits abdiquant ses devoirs.

M. ERNEST, avec violence.

> Oui! par tout ce qu'il sait, par tout ce qu'il ignore,
> Je suis un étranger pour lui; bien moins encore,
> Un époux de raccroc, un père de hasard,
> Qui va traînant sa vie et luttant à l'écart
> Dans les tiraillements d'un ménage en litige!
> Car j'en suis venu là, je suis complet, vous dis-je,

8

De finir empêtré, don Juan vermoulu,
Dans mes vieilles amours comme dans une glu...
Vous voyez que je fais bon marché de moi-même,
Mais, après tout, Armand est mon fils, et je l'aime!
Ah! cela vous surprend. J'en suis bien plus surpris,
Allez! Mais le hasard s'est vengé, je suis pris!
Tenez, depuis trois jours, je rôde, je me cache,
Je tâche de le voir enfin sans qu'il le sache,
Et je ne voulais pas venir; je suis venu,
Poussé par je ne sais quel espoir inconnu,
Pour lui parler, lui dire enfin qu'il est coupable...
Mais je ne peux donc rien pour lui, moi, misérable!
Je sens mon impuissance à mon indignité...
Je suis très-malheureux, madame, en vérité!

Il se laisse tomber sur un siége en pleurant

MADAME ARMAND.

Je le crois.

M. ERNEST, se relevant.

Et pourtant il faut que je le voie,
Que je lui parle enfin! C'est une triste joie,
Mais il le faut. D'ailleurs, un homme en pareil cas
A de ces arguments qu'une femme n'a pas.
Je ne puis ajouter son malheur à ma honte,
C'est trop, je ne veux pas, voyez-vous, j'ai mon compte..
Puis c'est moins malaisé que vous ne le croyez
Peut-être; au moins faut-il que j'essaie.

MADAME ARMAND.

Essayez!

Le remords est tardif, mais le droit qu'on réclame
Est juste, et j'y souscris.

Elle sonne.

M. ERNEST.

Que faites-vous, madame?

MADAME ARMAND, au domestique qui paraît au fond.

Avertissez mon fils qu'on le demande ici.

M. ERNEST, troublé.

Comment! il va venir! lui!... tout de suite?... ainsi?
Mais ne craignez-vous pas, me voyant, qu'il soupçonne...?

MADAME ARMAND.

Non, monsieur, s'il sait tout, il ne connaît personne
Je l'entends, je vous laisse.

M. ERNEST.

Avec lui... seul... pourquoi?

MADAME ARMAND.

Mais par respect pour vous, monsieur, comme pour moi.

Elle sort.

SCÈNE X.

M. ERNEST, puis ARMAND.

M. ERNEST, le regardant venir et à lui-même.

C'est lui, c'est lui... mon fils... Ah! voici l'heure amère.

ARMAND, l'apercevant.

Vous, monsieur, se peut-il? vous ici! chez ma mère!

M. ERNEST.

Mon Dieu!... je suis venu, mon cher... monsieur Armand,
Pour vous parler...

ARMAND, avec hauteur.

A moi? pour me parler? vraiment,
Vous m'étonnez, monsieur. Qu'avons-nous à nous dire?

M. ERNEST.

Des choses graves... Ah! cela vous fait sourire;
Je vous jure pourtant que je suis sérieux...
Oubliez qui je suis pour nous entendre mieux.

ARMAND.

Eh! monsieur...

M. ERNEST

Quelque peu que cela vous importe,
L'affection est vive, Armand, que je vous porte.
Mon Dieu, je ne suis pas, je sais, de vos amis;
Mais vous êtes des miens; cela m'est bien permis,
Du moins, et je vous parle ici du fond de l'âme :
Armand, vous ne pouvez épouser cette femme.

ARMAND.

Ah! c'est donc pour cela, monsieur, que vous venez?
Je sais gré, comme il faut, du soin que vous prenez,
Et vous salue.

M. ERNEST.

Armand, c'est un enfantillage!
Vous pouvez là-dessus en croire au moins mon âge.

ARMAND.

Votre âge! c'est un tort de me le rappeler;
Je n'aurais pas osé, monsieur, vous en parler.

M. ERNEST.

Épouser sa maîtresse, étant ce que vous êtes!

ARMAND.

Il vaut mieux, n'est-ce pas, faire comme vous faites?
Est-ce là le conseil que vous me gardez?

M. ERNEST.

                        Non!
Mais pensez au respect que l'on doit à son nom.

ARMAND.

Son nom! Monsieur... Ernest.

M. ERNEST.

                        L'honneur est solidaire
Dans la famille; Armand, vous avez une mère...

ARMAND.

Assez!... Ah çà! monsieur, de ce que le hasard
Nous a mis en rapport, quelque temps, quelque part,
En prenez-vous ce droit de me venir poursuivre
De vos tristes leçons et m'enseigner à vivre?
Quel est donc l'intérêt qui vous amène ici?

M. ERNEST.

De l'amitié, c'est tout...

ARMAND.

                        C'est là trop de souci,
Monsieur, je vous fais grâce en tout ce qui me touche
D'une morale... au moins... étrange... en votre bouche.

M. ERNEST.

Je vous parle pourtant comme à mon propre enfant.

ARMAND, dédaigneusement.

C'est un mot malheureux et que tout vous défend.

7.

Si vos conseils sont bons, monsieur, ce que j'espère,
Gardez-les pour celui dont vous êtes le père.

M. ERNEST, après un silence.

Puisque vous ne pouvez oublier... qui je suis,
Profitez de ma vie au moins... Non! je ne puis
Vous voir, sans protester, faire un tel sacrifice.
La générosité n'est pas de la justice...

Avec force.

D'ailleurs, je ne veux pas vous laisser perdre ainsi!

ARMAND.

Vous ne le voulez pas?...

M. ERNEST, riant d'un rire forcé.

Ah! pardon... c'est qu'aussi
Je prends la chose à cœur! C'est vrai, quelle folie!
Je ne suis qu'un passant pour vous et je l'oublie.

Légèrement.

En deux mots, ce serait payer l'amour trop cher,
Enfin, l'on ne fait pas ces choses-là, mon cher.

ARMAND.

Oui, c'est la loi du monde, oui, l'on aime une femme,
On l'aime!... on lui refait une âme avec son âme;
L'lle est comme l'épouse, on est comme l'époux;
Elle prend le plus pur et le meilleur de nous,
Cette fleur de la foi qu'on nomme la jeunesse;
Et puis, comme après tout ce n'est qu'une maîtresse,
Et que ces femmes-là n'ont droit qu'à notre amour,
Le monde dit : « Assez! » On la chasse un beau jour;
On rentre honnêtement dans la route suivie;
On déchire en riant ce lam

Et l'on s'en va léger, insoucieux, moqueur,
Sans même un souvenir, cette aumône du cœur.
Quant à l'autre, qu'elle aille où le hasard l'emporte,
Deviens ce que tu peux, vis ou meurs, que m'importe!
Plus je t'ai mise haut, plus tu retombes bas;
Mais c'est affaire à toi, je ne te connais pas,
Remonte ton rocher, Sisyphe, et le remonte,
Recommence à marcher, Juif errant de la honte,
Reprends un autre amant, et puis un autre amant,
Va! le remords du bien sera ton châtiment!
Et l'on ne songe pas que cette âme qu'on tue,
Elle est un peu la nôtre, et qu'on la prostitue!
Eh bien, que ce calcul soit commode et profond,
Il se peut; moi, je dis lâches ceux qui le font!
Si la femme tombée avec eux est perdue,
Je tiens qu'une âme encor lui peut être rendue,
Et je suis fier, trouvant le pardon infini,
Que mon amour commence où leur amour finit!
Et je l'épouse enfin, moi, cette repentie!

SCÈNE XI.

M. ERNEST, ARMAND; MADAME ARMAND
une lettre à la main.

MADAME ARMAND.

Vous ne le pouvez plus, mon fils, elle est partie.

ARMAND.

Et qui donc est parti?

MADAME ARMAND, lui tendant la lettre.

Lisez

ARMAND lit et tombe accablé sur le canapé.

Mon Dieu, mon Dieu !

Relisant machinalement.

« ... Madame, et, maintenant, m'estimez-vous? Adieu. »

Il jette la lettre et se relève avec violence.

MADAME ARMAND.

Où va-t-il ?

ARMAND.

Où je vais ?... Aviez-vous la pensée
Qu'après l'avoir ainsi hors de chez vous chassée
Par vos mépris ou par je ne sais quel moyen,
Je ne ferais qu'en rire et je dirais : « C'est bien? »
Où je vais ? La demande est étrange, madame...

Sa voix se brise.

Mais vous n'avez donc pas compris qu'elle est ma femme,
Que nous ne sommes pas seulement deux amants,
Mais qu'il est des baisers plus forts que des serments!
Et que dans cet amour j'ai le bien pour complice,
Et qu'il est l'idéal, étant le sacrifice,
Et que c'est sa grandeur et que c'est son attrait!...
Et puis, tenez, je mens! Tout cela n'est pas vrai !
Avec tous ces grands mots, je me mens à moi-même...
Je l'aime, entendez-vous ! Je vous dis que je l'aime !
Que je l'aime, et c'est tout, et que tout m'est égal !...

Éclatant en sanglots.

Ah! ma mère, mon Dieu, que vous me faites mal !

MADAME ARMAND.

Mon fils...

ARMAND, relevant la tête, et à M. Ernest.

Et voilà donc ce que vous veniez faire
Ici, vous ? En effet, pour une telle affaire,
Il fallait un tel homme, — et je n'ai pas compris !

MADAME ARMAND.

Ah ! tais-toi malheureux !

ARMAND.

Oh ! ma mère, avoir pris,
Pour aider vos projets et rendre ce service,
Cet étranger sans nom, cette épave du vice!

MADAME ARMAND, bas à M. Ernest.

Dites-lui tout.

ARMAND.

Or çà, l'homme aux soins obligeants,
Depuis quand vous voit-on chez les honnêtes gens ?
Sortez !

MADAME ARMAND, bas à M. Ernest.

Mais parlez donc !

M. ERNEST, de même.

Je n'ose pas.

ARMAND, menaçant M. Ernest.

Partie !

Et vous n'avez pas peur que je ne vous châtie !
Misérable !...

MADAME ARMAND.

Ah ! mon fils!...

ARMAND, s'avançant sur lui la main haute.

Tenez!...

MADAME ARMAND, se jetant entre eux.

Que fais-tu là ?
Mais c'est...

M. ERNEST, lui saisissant la main, et bas.

Non! Taisez-vous! J'aime encor mieux cela.

ARMAND.

Oui, j'ai tort, ce métier ne vaut pas ce salaire.
Aussi bien mon mépris suffit à ma colère.
Ma mère, entre elle et vous puisque tout est fini,
Qu'au lieu d'un jugement on m'oppose un déni;
Puisque vous me placez de cette façon rude
Entre ma passion et mon ingratitude;
Puisque vous la chassez! par la même raison
Vous me chassez aussi. Je quitte la maison.

MADAME ARMAND.

Armand!

ARMAND.

Peut-être un jour devenant moins sévère,
En serez-vous plus juste...

Pleurant.

Ah! ma mère! ma mère!
Je vous jure pourtant que je vous aime bien...
Mais elle... enfin je l'aime aussi... je n'y peux rien!
Je l'aime tant, vois-tu, pardonne-moi, pardonne...
Adieu!

MADAME ARMAND, avec un grand élan.

Je ne veux pas! Reste! Je te la donne!

ARMAND se jette à son cou.

Ah !...

Il la couvre de baisers fous et sort en courant.

SCÈNE XII.

MADAME ARMAND, M. ERNEST, L'ABBÉ,
GEORGE, ALINE, entrant étonnés et entourant madame Armand.

GEORGE.

Qu'est-ce donc?

L'ABBÉ.

Grand Dieu ! qu'arrive-t-il ici?

ALINE.

Ma tante !

MADAME ARMAND, entourée par eux.

Mes enfants !

M. ERNEST, à l'abbé, en lui désignant Aline et George.

Monsieur, quels sont ceux-ci ?

L'ABBÉ, étonné.

La nièce et le neveu de cette pauvre dame,
Mais...

M. ERNEST.

C'est bien.

Haut.

Venez tous !

MADAME ARMAND.

Où donc ?

M. ERNEST.

Chez cette femme.

MADAME ARMAND.

Pourquoi ? Que voulez-vous ?

M. ERNEST.

Faire ce que je dois.

Ce sera la première — et la dernière fois!

ACTE QUATRIÈME

Chez Esther. — Décor du deuxième acte.

SCÈNE PREMIÈRE [1]

MADAME ERNEST; FERNANDE, en grand deuil,
tenant un mouchoir sur ses yeux.

MADAME ERNEST.

Ce pauvre général! Si vite!

FERNANDE.

Hélas! ma chère,
Juste au dernier moment! Enfin, devant le maire...

MADAME ERNEST.

On allait vous unir?

FERNANDE.

Oui. Nous étions assis.
Ses enfants étaient là, tous présents, tous les six ;
Le général très-gai. J'étais en blanc ; ses filles
Convenables pour moi, mieux que cela, gentilles ;
Ses gendres... Pour tout dire, ils servaient de témoins,
Et ce n'était pas là ce qui m'en plaisait moins.

1. Cette première scène est supprimée à la représentation.

Bref, le maire se lève, et, selon la formule,
Nous lit je ne sais plus quel papier ridicule;
Puis, s'adressant à moi, me dit · « Acceptez-vous
Monsieur Charles-Victor de Vory pour époux ? »
Je réponds : « Oui. » C'est bien. Il fait l'autre demande :
« Monsieur, acceptez-vous Héloïse Fernande... »
Enfin, ce que l'on dit. — J'attends, les yeux baissés;
Rien! pas un mot! Croyant qu'il n'entend pas assez,
On lui refait plus haut la question d'usage...
Rien! rien! Je lève alors les yeux sur son visage
Et je vois qu'il penchait le front! Je crois qu'il dort :
Je veux le réveiller... Ma chère, il était mort!
Oui, mort! Entendez-vous ? Suis-je assez malheureuse!

Elle pleure.

MADAME ERNEST.

Pauvre femme! en effet, la perte est douloureuse.

FERNANDE, changeant de ton.

Alors, vous comprenez, les gendres! quels éclats!
Et comme ils m'ont traitée enfin de haut en bas!
Ah! vous pouvez compter qu'ils ont pris leur revanche :
Moi, je m'en suis allée — avec ma robe blanche,
Et, dès le lendemain, ils m'ont fait un procès.

MADAME ERNEST.

C'est indigne!

FERNANDE.

      Oh! je n'ai nul souci du succès;
Il avait arrangé ses affaires... Pauvre homme!
Ah! je suis désolée!

MADAME ERNEST.

    Oui, c'est fort triste.

FERNANDE.

En somme,
Que ceci vous profite, et souvenez-vous bien
Que la baronne et vous...

MADAME ERNEST.

Oh! moi, je ne peux rien :
Ernest est marié, mais j'ai la certitude
De le garder toujours ; d'abord par l'habitude,
Et puis par cet enfant. D'autre part, aujourd'hui,
Bien que nous soyons las, lui de moi, moi de lui,
L'âge nous a rivés. — Et quant à la baronne,
Je garde mes conseils ; qu'un autre les lui donne.
Nous ne nous voyons plus ; — après quelques leçons,
J'ai dû rompre ; elle avait de vilaines façons...
Qu'allez-vous faire?

FERNANDE.

Hélas! m'en aller en voyage.
Je n'ai plus goût à rien ; j'ai perdu tout courage.

MADAME ERNEST.

Voyons, chère!...

FERNANDE.

Ah! ce coup est bien pour me briser...
Je prendrai quelques jours pour tout réaliser,
Et partirai.

MADAME ERNEST.

Sitôt?

FERNANDE.

Oui, tout procès entraîne
Avec lui du scandale, et j'aurais trop de peine
A me voir afficher...

MADAME ERNEST.

Je comprends, je comprends...
Mais... que vous laisse-t-il?

FERNANDE.

Oh! cinq cent mille francs...
Ah! je l'entends toujours demandant ses pastilles.

MADAME ERNEST.

Je conçois la conduite indigne de ses filles.
En effet, voyagez, cela vous vaudra mieux

Elles s'embrassent.

FERNANDE.

A tout événement je vous fais mes adieux.

MADAME ERNEST.

Vous m'écrirez?

FERNANDE.

Bien sûr. — A propos ; cette affaire
Va m'occasionner des démarches à faire,
Et j'aurais une grâce à vous demander.

MADAME ERNEST.

Quoi?

FERNANDE.

Si vous le permettiez, je prendrais avec moi
Votre petit garçon. En pareille occurrence,
La femme seule a droit à plus de déférence,
C'est un porte-respect.

MADAME ERNEST.

Tout ce que vous voudrez,
Chère, est-ce maintenant que vous l'emmènerez?

FERNANDE.

S'il vous plaît. Grand merci pour votre bon office.

MADAME ERNEST.

Ce n'est rien, et je suis tout à votre service.

Allant vers une porte à gauche.

Il est par là, venez. J'ai provisoirement
Joint à mon logement ce petit logement.
Celle qui l'habitait... vous savez bien, ma chère...

FERNANDE.

Je crois m'en souvenir ; une jeune ouvrière.

MADAME ERNEST.

Justement, pour l'instant elle n est plus ici.
Entre nous, elle va se marier aussi...
Une charmante enfant, au reste.

FERNANDE.

　　　　　　　Qu'on l'épouse ;
Ah ! du bonheur d'autrui je ne suis pas jalouse.

MADAME ERNEST.

Venez-vous ?

FERNANDE.

　　　　Je vous suis... Ce pauvre général,
Je crois le voir encore, et cela me fait mal.
Ah ! c'est une douleur qui sera toujours neuve !

MADAME ERNEST.

Et que je comprends bien.

Elle la fait passer devant elle.

FERNANDE, *se retournant.*

　　　　Encor, si j'étais veuve !

9

SCÈNE II.

ESTHER, entrant par la porte du fond. Elle se laisse tomber sur une chaise et sanglote quelque temps en silence, puis elle se lève, et s'essuyant les yeux.

Rien n'arrive, après tout, qui ne me fût connu !
Ce moment-là devait venir... Il est venu !
Ah ! cette enfant si bonne a-t-elle été cruelle !
N'importe ! Elle saura que je l'aime autant qu'elle :
Je n'ai pas moins souffert et pas moins combattu,
Et mon renoncement égale sa vertu.
Mais allons ! hâtons-nous !

Elle prend différents objets dont elle fait un petit paquet en parlant.

Il va venir, sans doute,
Je sens qu'il va venir... peut-être est-il en route ;
Et que ferais-je, moi, si je le voyais là ?...
Et maintenant, ce mot d'adieu... plus que cela.

Elle se met à la table et écrit.

« Je te le disais bien, que ce n'était qu'un rêve ;
« Je te le disais bien, que nous allions souffrir,
« Que dans ma vie, ami, l'espoir n'est qu'une trêve,
« Et qu'il faut oublier pour apprendre à mourir.
« Eh bien, l'heure est venue, et je souffre et je pleure,
« Et je vais te quitter parce que tu m'aimais...
« O mon Dieu, c'est donc vrai, c'est donc vrai que c'est l'heure,
« Et que je ne dois plus te voir jamais, jamais ?...
« C'est pour ton bien, vois-tu. — Ne va pas me maudire,
« Ni railler le passé quand tu seras heureux ;
« De leur premier amour j'ai vu des gens sourire,

« Et ce serait bien mal si tu faisais comme eux...
« Si tu penses à moi, plus tard... par aventure...
« Que ce soit sans dédain, ami. — Je n'étais rien
« Qu'une bien misérable et pauvre créature,
« Mais va, je t'aimais bien... Oh! oui, je t'aimais bien!
« Adieu! Hélas! Armand, c'est l'heure où, d'habitude,
« Je t'écoutais venir... Oh! le moment béni!
« Oh! les doux souvenirs, la chère solitude!...
« Enfin, laissons cela, puisque tout est fini.
« Mais c'est assez... Adieu! Je trouve tant de charme
« A te parler ainsi, qu'il faut bien m'excuser...
« Adieu! Tiens, dans ce coin où tombe cette larme
« Je t'ai mis tout mon cœur dans un dernier baiser! »

Elle embrasse ardemment la lettre, la repose sur la table et se lève.

A présent, tout est dit! tout est dit! Soyons femme...

Elle va à la porte et se retourne.

Encore adieu, mon rêve, et ma vie et mon âme,
Et les échos menteurs de mon passé d'un jour,
Qui répondaient: « Bonheur! » quand je disais : « Amour! «
Adieu, sourire! Adieu, promesse! Adieu, mirage!

SCÈNE III.

ESTHER, ARMAND, entrant follement.

ARMAND.

Esther!

ESTHER.

C'est lui! Mon Dieu! donnez-moi le courage!

ARMAND.

Te voilà! te voilà! Chère femme, c'est toi!

Ah! malheureuse enfant qui me fuyais! Pourquoi?
Et comment t'est venue une telle pensée?
Il faut qu'ils t'aient contrainte et peut-être offensée!

ESTHER.

Non.

ARMAND.

Je ne te crois pas. Tu n'as pas fait ceci
Librement, n'est-ce pas, et de ton plein gré?

ESTHER.

Si.

ARMAND.

Ah! oui, je te comprends; cette épreuve te lasse,
Tu refuses d'entrer par une porte basse;
Eh bien, sois satisfaite!

ESTHER.

Armand, que dites-vous?

ARMAND.

Je dis que le bonheur se lève enfin sur nous,
Que ma mère consent à t'appeler sa fille...

ESTHER.

Ta mère!

ARMAND.

Et maintenant reviens dans ta famille.
Tu le peux, ta fierté ne doit rien au hasard.

ESTHER.

Non, je ne le peux plus, le bonheur vient trop tard;
Il faut nous séparer, et nous le devons même...
Vous ne savez donc pas, Armand? elle vous aime!

ARMAND.

Elle! Et qui donc ?

ESTHER.

Aline! Aline, entendez-vous?
Oui, cette enfant candide à plier les genoux,
Ce cœur où Dieu se voit, cette âme virginale,
Elle vous aime; et moi, moi, j'étais sa rivale!
Oh! comme j'ai vu clair dans mon indignité!...
Au mal qu'elle m'a fait je sens la vérité...
L'épouse, la voilà! C'est elle! Ah! malheureuse!
Pendant qu'elle parlait je me disais : « Voleuse! »

ARMAND.

Tais-toi!

ESTHER.

Le sacrifice est le mot du devoir,
A présent, je le sais; elle me l'a fait voir.
Il faut nous séparer... Oh! laissez-moi tout dire.
Vous aimer serait mal et vous épouser, pire.
D'un mot de cette enfant, j'ai compris tout cela.
Non, non, ce n'est pas nous, ce sont ces anges-là
Qui seules ont le droit d'être mères et femmes,
D'échang   .eur amour et de faire des âmes!

Armand la regarde avec amour et la prend dans ses bras.

ARMAND.

Pardon!

ESTHER.

Armand!

ARMAND.

Pardon! J'avais cru que jamais
Je ne pourrais t'aimer plus que je ne t'aimais.

Pardon! en t'abaissant, tu te grandis encore;
C'est trop peu de t'aimer... entends-tu? Je t'adore!...

ESTHER.

Armand, tenez, c'est mal, ce que vous faites là

Pleurant.

Mon Dieu! que c'est méchant de me dire cela!...

Avec éclat.

Mais tu ne vois donc pas, à cet effort suprême,
Pour cesser de t'aimer comme il faut que je t'aime!

ARMAND.

Et c'est ce qui nous lie indissolublement,
Chère femme, entends-tu, ma femme.

ESTHER.

                           Mon Armand,
Mon bien-aimé, pitié!... tiens... vois, je te supplie
Que faire? C'est pour toi... Va-t'en! oublie! oublie
Tu te repentirais!... Vois-tu, j'ai tout compris
Vivre ainsi, ce serait épeler le mépris...
Grâce encor! grâce, ami!... Tu sais bien que je t'aime,
Que je ne serai pas plus forte que moi-même,
Et que je vais céder, et que ce n'est pas bien!...
Que lui dire? Mon Dieu! Je ne trouve plus rien!

ARMAND.

Et moi, j'atteste ici Dieu, qui lit dans nos âmes,
Qu'en toi la femme est pure entre toutes les femmes!
Et tu seras à moi, je t'en fais le serment,
Contre toi, contre tous!

SCÈNE IV.

LES MÊMES, M. ERNEST, puis lentement MADAME
ARMAND, GEORGE, ALINE et L'ABBÉ, qui se
rangent silencieusement au fond du théâtre.

M. ERNEST.

Vous vous trompez, Armand.

ARMAND.

Encor cet homme! Ah çà! monsieur, c'est du délire.
Ma mère! George! Vous, monsieur! mais qu'est-ce à dire?
Que me voulez-vous donc?... et pourquoi vous ici?

M. ERNEST, gravement.

Parce que j'ai voulu que cela fût ainsi.

Se tournant vers madame Armand.

Madame, votre fils sait-il bien qu'il se nomme
Paul-Armand de Ryons, et qu'il est gentilhomme?

MADAME ARMAND.

Il le sait.

M. ERNEST.

Sait-il bien que son père est vivant?

MADAME ARMAND.

Il le sait.

M. ERNEST.

Néanmoins, et comme auparavant,
Malgré tout, il persiste à la prendre pour femme?

MADAME ARMAND.

Il persiste.

M. ERNEST.

En ce cas, soyez témoin, madame.

A Armand.

Tout est-il vrai, monsieur?

ARMAND

Mais il est inouï...

M. ERNEST.

Répondez!

ARMAND.

De quel droit?

M. ERNEST.

Répondez!

ARMAND.

Eh bien, oui!
Quels que soient ma naissance et le nom que je porte,
Quelques droits qu'on vous ait transmis, que nous importe?
Ma mère a consenti, nous serons ses enfants,
Je l'aime et je le veux!

M. ERNEST, avec autorité.

Et moi, je le défends!

ARMAND regarde sa mère et tous les assistants qui baissent les yeux,
et M. Ernest qui le regarde fixement.

Et vous me direz bien à quel titre, j'espère...
Vous!...

Comprenant tout.

Ah!... ce n'est pas vrai!... Oh! oh! ma pauvre mère!

Silence.

M. ERNEST, avec une gravité triste et s'animant à mesure qu'il parle

Et maintenant, monsieur, écoutez jusqu'au bout,
Puisque j'ai dit cela, je peux bien dire tout,
Ayant d'ailleurs ici, vous devez le comprendre,
Sur notre honneur commun des comptes à vous rendre :
J'étais époux, j'étais père, j'avais juré
De conserver au moins, à ce titre sacré,
Et bien qu'ils eussent droit à la part la plus ample,
Mon respect à la femme, à l'enfant mon exemple;
Je ne l'ai pas voulu. J'ai faussé mon serment,
J'ai renié ma dette et j'ai fui lâchement!
Voilà ce que j'ai fait, sans raison, sans excuse...
Madame, et vous aussi, monsieur, je m'en accuse.

                    MADAME ARMAND.
Monsieur...

                    M. ERNEST.

          Ce n'est pas tout! J'étais riche! ou plutôt
Je tenais en mes mains la fortune en dépôt
Pour la transmettre un jour à mon enfant. En somme,
Il fallait pour cela n'être qu'un honnète homme ;
Eh bien, moi, moi, le père! — un autre eût reculé...
L'enfant abandonné par moi, je l'ai volé!
Bien que triste, à ce point que l'esprit s'y refuse,
J'ai fait aussi cela, monsieur, je m'en accuse.

                    MADAME ARMAND.
De grâce!...

                    M. ERNEST.

          Et suis-je quitte avec le passé? non!
A défaut de pudeur, il me restait un nom.

Quiconque l'eût porté, plus jaloux de son lustre
Et l'ayant reçu grand, devait le rendre illustre.
Moi, que ce nom gênait où j'en étais venu,
De peur qu'il ne fût vil, je l'ai fait inconnu,
Doublant cette infamie enfin de cette ruse...
Vous tous qui le portez, ce nom, je m'en accuse!

GEORGE.

C'est trop, monsieur, c'est trop! vos fautes sont à vous.

L'ABBÉ.

Pour grands que soient les torts du père et de l'époux,
Le respect est son droit, le pardon son refuge,
Et personne ici-bas ne peut être son juge.

M. ERNEST.

Excepté lui; l'époux est mort, le père est mort
Et, si j'ai réveillé cette honte qui dort,
C'était pour vous défendre, Armand, comme d'un crime,
De l'égoïste erreur que vous rêviez sublime.
Oui! l'on pense à votre âge impunément pouvoir
De ce luxe d'efforts compliquer le devoir;
L'impossible nous tente, on lie et l'on délie,
Et, croyant qu'en amour quelque chose s'oublie,
On pardonne, on épouse et l'on se dit clément;
Mais après?... Cette fin n'est qu'un commencement.
Après!... C'est cette lutte incessante et suprême
Où l'on a contre soi tout le monde — et soi-même;
C'est le regret haineux, pire que l'abandon,
Toutes ces cruautés dont est fait le pardon.
Après!... C'est un enfant, coupable involontaire,
Qui souffre du passé, ce mal héréditaire,

dont votre utopie escomptait l'avenir;
L'enfant qui va savoir et va se souvenir,
Et qui, victime aussi, lui, de votre chimère,
A besoin de pitié pour embrasser sa mère!
Non, non! ne plaçons pas notre idéal trop haut,
C'est déjà malaisé de faire ce qu'il faut.
Croyez-moi, l'on vit mal en dehors de la vie.
Vous, je le veux, rentrez dans la route suivie,
Et d'abord reprenez votre nom; au surplus,
Vous pouvez le porter, je ne le porte plus,
Mon fils. Adieu... monsieur.

ARMAND, avec désespoir, faisant un pas vers Esther.

Esther!

M. ERNEST, entre eux deux et avec force.

Ah! prenez garde
Que j'ai mis cette enfant sous une sauvegarde
Qui défend à jamais ce lien hasardeux,
La volonté d'un mort étant entre vous deux.

ESTHER.

Et la mienne, immuable à présent, je le jure;
Il faut que l'époux fier prenne l'épouse pure.
A côté de l'honneur, au-dessus du pardon,
Voilà ma place, adieu.

A elle-même et douloureusement.

Mais qu'il s'en aille donc:...

ARMAND, suppliant.

Esther?...

ESTHER, résolue et calme.

Non! Je le veux!

ARMAND, vaincu.

Emmenez-moi, ma mère!

MADAME ARMAND.

Vois ton père, mon fils, songe qu'il est ton père!
Rien qu'un mot de pitié, sois généreux, Armand.

ARMAND, poussé par sa mère, s'avance vers M. Ernest, le regarde
quelque temps et lutte, puis reculant.

Non! non, je ne peux pas...

Il sort.

M. ERNEST, baissant la tête.

C'est bien le châtiment.

Madame Armand jette sur M. Ernest accablé un regard de pitié, puis
allant rapidement à Esther, elle lui tend la main.

ESTHER, avec éclat.

Enfin!

MADAME ARMAND.

Je vous estime, et vous plains, pauvre femme.

ESTHER, douloureusement résignée.

Ah! celui qu'il faut plaindre et consoler, madame,
Celui qui souffrira le plus de cet adieu,
Ce n'est pas moi — c'est lui.

MADAME ARMAND.

Mais vous?...

ESTHER.

Oh! moi, — j'ai Dieu!

FIN.

Imprimeries réunies, B, rue Mignon, 2,

www.ingramcontent.com/pod-product-compliance
Lightning Source LLC
Chambersburg PA
CBHW071952110426
42744CB00030B/923